Inhalt

Wo - wie - was - wer weiß denn das?	3
Bekannte Städte	4
Wortschatz I	5
Geschichts-Toto	6
Sportliches	7
Sprichwörter, die jeder kennen sollte	8
Bundesländer und ihre Hauptstädte	9
Begriffe aus dem politischen Alltag	10
Fremdwörter, die uns immer wieder begegnen	11
Festtage im Laufe des Jahres	12
Wirtschaftliche Grundbegriffe	13
Flüsse in Deutschland / Berge in Deutschland	14
Geschichtliche Persönlichkeiten	15
Kuckuckseier I	16
Berühmte Leute, die man kennen sollte	17
Sehenswürdigkeiten der Welt / Monarchien in Europa	18
Diese Abkürzungen sollte man kennen	19
Hauptstädte (weltweit)	20
Aus dem Wirtschaftsteil	21
Politische Fremdwörter / Parlamente der Welt	22
Erdkunde-Toto	23
Geschichtliche Ereignisse I	24
Wortschatz II	25
Was weißt du über politische Wahlen?	26
Länder und ihre Hauptstädte / Bundesländer und ihre Hauptstädte	27
Kuckuckseier II	28
Zahlenspielereien	29
Fremdwörter, die man häufig hört	30
Politische Persönlichkeiten des 20. Jahrhunderts	31
Tierisches Rätsel aus Kinderlied und Märchen	32
Inseln in den Ozeanen / Berge und Gebirge	33
Geschichtliche Ereignisse II	34
30 VIPs des 20. Jahrhunderts	35
Noch mal Sprichwörter	36
Hauptstädte der Bundesländer	37
Geschichtliches und erdkundliches Staunen	38
Lösungen	39

Vorbemerkung

Diese Aufgabensammlung legt keinen Wert auf Vollständigkeit und jeder versteht unter „Training des Allgemeinwissens" wahrscheinlich etwas anderes.
So zählen die Namen der höchsten Erhebungen der deutschen Mittelgebirge sicher nicht unbedingt zum Allgemeinwissen, aber auf diesem Wege werden die Namen der Mittelgebirge wiederholt.

Die vorliegenden Aufgaben wurden zum einen auf Grund persönlicher Neigungen, zum anderen in Kenntnis verschiedener Einstellungs-Tests zusammengestellt.
Die Lösung der meisten Aufgaben wird durch zusätzliche Lösungshilfen erleichtert. Dadurch wird auch ein Lernzuwachs erreicht.

Bearbeitungshinweise

1. Die einzelnen Arbeitsblätter sind nicht durchnummeriert um Kollegen die Möglichkeit zu geben, eine andere Reihenfolge zu wählen (z. B. nach Fächern).

2. Die Aufgaben sollten trotzdem möglichst der Reihe nach bearbeitet werden, denn

   - sie steigen im Schwierigkeitsgrad,
   - sie bauen aufeinander auf,
   - sie wiederholen sich, was den Lernzuwachs fördern soll.

3. Wenn man mit einer Aufgabe nicht zurechtkommt, ist es natürlich auch möglich, zur nächsten überzugehen oder mit den Aufgaben zu beginnen, die am leichtesten erscheinen.

4. Ich empfehle zunächst einen Lösungsversuch mit Bleistift, vor allem bei den Aufgaben, die Lösungshilfen haben.
   Zudem kann man alles ausradieren und, um zu üben, alle Aufgaben noch einmal lösen. Eine andere Möglichkeit ist das Laminieren der Arbeitsblätter. Dann können die Antworten mit einem wasserlöslichen Folienstift bearbeitet werden und es fallen weniger Kopien an.

5. Zur Lösung der Aufgaben sind der Atlas und ein Lexikon hilfreich.
   Man sollte aber versuchen, möglichst ohne Hilfsmittel auszukommen, vor allem bei den Übungen, die wiederholender Art sind.

Wo - wie - was - wer weiß denn das?

Die Diesellokomotive hat einen	6 Auspuff	1 Schornstein
Ein Tisch wackelt nie auf	9 drei Beinen	3 vier Beinen
Das Anschlussgewinde eines Garten-schlauches misst man in	6 Zentimetern	12 Zoll
Taschenlampenbatterien liefern	8 Wechselstrom	4 Gleichstrom
Rostendes Eisen wird	5 leichter	3 schwerer
Bei der Schere ist der rechte Hebelarm immer	14 unten	8 oben
Die Nut ist an Bretterkanten eine	9 stufenförmige Aussparung	2 rinnenförmige Aussparung
Das Moped hat eine	7 Trommelbremse	2 Felgenbremse
Ein Kursbuch enthält die Übersicht der	4 Luftfahrtlinien	6 Eisenbahnverbindungen
Die Gasuhr zählt den Verbrauch in	4 Kubikmetern	8 Litern
Der Polizist trägt die Pistolentasche	5 links	3 rechts

Wenn du die richtigen Ziffern addierst, erhältst du ein Vielfaches von 11: _____

Auch das sollte man wissen ...

Ein Luftdruckmesser heißt	1 Barometer	2 Thermometer
Die elektrische Leistung misst man in	3 Volt	4 Watt
Körpereigene Wirkstoffe nennt man	5 Vitamine	6 Hormone
Der Heckmotor ist beim Auto	7 vorne	8 hinten
Die Knopflöcher einer Herrenjacke sind	9 rechts	10 links
Der Fahrraddynamo dreht sich	11 rechts herum	12 links herum
Die Seite 26 ist in jedem Buch	13 rechts	14 links

Auch hier ist die Lösungszahl ein Vielfaches von 11: _____

Bekannte Städte

Ordne den folgenden Weltstädten die Länder zu, in denen sie liegen.

Hinweis: Australien gilt als Land; England und Schottland sind zwei unterschiedliche Landesteile.

Bergen	N	Adelaide	A
Utrecht	N	Osaka	J
Bayreuth	D	Winnipeg	K
Genf	S	Cleveland	U
Bombay	I	Los Angeles	U
Danzig	P	Kitzbühl	Ö
Kanton	C	St. Petersburg	R
Liverpool	E	Nanking	C
Den Haag	N	Thun	S
Glasgow	S	Lüttich	B
Saloniki	G	Neapel	I
Gent	B	Ottawa	K
Chicago	U	Sankt Gallen	S
Kiew	U	Marseille	F
Sydney	A	Uppsala	S
Mekka	S	Odense	D
Kapstadt	S	Salzburg	Ö
Fes	M	Antwerpen	B
Verona	I	Hammerfest	N
Krakau	P	Malmö	S
Giseh	Ä	Melbourne	A

Die unterlegten Buchstaben jeder Spalte ergeben je einen Beruf:

_____ _____

Weitere Übungsmöglichkeiten:

Schreibe die Kontinente auf und ordne die oben stehenden Städte dazu.

(auf der Rückseite!)

4

Wieland Kohl

Training
Allgemeinwissen

BVK
Buch Verlag Kempen

Training Allgemeinwissen

Wieland Kohl

Wieland Kohl:

„Training Allgemeinwissen"

1. Aufl. – Kempen: BVK Buch Verlag Kempen e. K., 2004

ISBN 3 - 936577 - 65 - X

NE: „Training Allgemeinwissen"

© BVK Buch Verlag Kempen e. K. • St. Huberter Str. 67 • D - 47906 Kempen
• Telefon (0 21 52) 5 29 76 • Telefax (0 21 52) 5 28 73
• E-Mail: info@buchverlagkempen.de
            bestellung@buchverlagkempen.de
• Internet: http://www.buchverlagkempen.de

Lektorat: Sandy van der Gieth, BVK
Satz: Nadine Gilles, BVK
Titelbildgestaltung: Iris Wirker, BVK
Druck / Bindung: ALWO druck Arretz GmbH, Tönisvorst
Printed in Germany

1. Auflage, Kempen 2004
© 2004 BVK Buch Verlag Kempen e. K, Kempen
Alle Rechte vorbehalten.

ISBN 3-936577-65-X   (Bestell-Nummer: BVK PA21)

Dieses Werk ist verfasst nach den Regeln der neuen deutschen
Rechtschreibung und Zeichensetzung.

Wortschatz I

Umrahme den Buchstaben, der vor dem Wort steht, das (fast) das gleiche bedeutet wie das fett gedruckte Wort!

Besteck	W Hecke	S Löffel	B Steckdose	S Teller	W Hindernis
Bluse	C Hemd	E Wind	H Anzug	O Apparat	A Stärke
Laune	S Traum	R Krankheit	I Zauberei	H Stimmung	E Verständnis
informieren	U verändern	N aufpassen	D genehmigen	U Auskunft geben	L zusammenstellen
Garderobe	N Kirche	A Truppe	E Fahrzeug	U Gegensatz	S Kleideraufbewahrung
Prozess	T Fund	W Umzug	S Gebühr	S Schöffe	T Rechtsstreit
Patient	E Pille	I Gruppe	E Kranker	N Verwandter	L Kunde
Schal	I König	H Möbel	E Mantel	F Raubtier	R Halstuch
Zweifel	A Ärger	M Hoffnung	T Vertrauen	N Gewissen	B Unsicherheit
Anwalt	A Gehalt	E Ansicht	T Scheidung	L Verteidiger	G Landschaft
Miete	S Haus	U Gewinn	N Schwäche	E Geldbetrag	E Wohnung
Athlet	I Maske	T Gewicht	I Sportler	R Komiker	I Bergkuppe
Paragraf	U Erklärung	E Gegensatz	N Schreibzeug	F südamer. Land	B Gesetzesabschnitt
Sinfonie	S Takt	D Zuneigung	B Musikstück	F Zusammenfassung	H Versammlungshaus
Bewusstsein	G Geiz	R Schlaf	E Religion	E Wachheit	E Gewissen
Vergnügen	K Liebe	I Freude	N Schönheit	E Bequemlichkeit	N Bescheidenheit
Rabatt	W Menge	W Briefmarke	I Begrenzung	D Preisnachlass	D Empfangsbescheinigung
Aggression	E Angriff	A Strafe	I Hemmung	N Hoffnung	S Verteidigung
Genuss	E Kunst	E Sucht	S Honig	L Abenteuer	I Wohlbehagen
Urteil	D Neid	S Hinweis	N Ergebnis	F Abneigung	N Schiedsspruch
Existenz	E Dasein	W Gewinn	H Ansicht	U Vertrauen	E Verbannung
Resultat	A Vortrag	M Ergebnis	H Ausweisung	R Schwingung	N Wiederherstellung
Chaos	I Ärger	S Währung	I Beschädigung	L Durcheinander	Z Demonstration
Sehnsucht	D Liebe	D Gewinn	E Wunsch	N Freude	S Glück
Charakter	T Fleiß	I Anmut	I Eigenart	E Kategorie	E Unzuverlässigkeit
konsumieren	N süchtig	E genießen	E versuchen	S verbrauchen	R zusammenzählen
Droge	B Spritze	R Getreide	I Apotheke	J Reitertruppe	T Betäubungsmittel
ironisch	W böse	A uneinig	E spöttisch	U humorvoll	S einfühlsam
dementieren	U abordnen	A zerstören	F vorführen	U zurücktreten	N widerrufen

Die Buchstaben vor den richtigen Wörtern ergeben ein Sprichwort:

_____

_____

Geschichts-Toto

Welches der folgenden Ereignisse war früher?
Schreibe eine 1, wenn das erste Ereignis in einem früheren Jahrhundert stattfand als das zweite; schreibe eine 2, wenn es später stattfand und schreibe eine 0, wenn es im gleichen Jahrhundert war.

1	Erfindung des Rades	☐
2	Kolumbus entdeckt Amerika	
1	Magellan umsegelt die Erde	☐
2	Bauernkrieg	
1	Erster Weltkrieg	☐
2	30-jähriger Krieg	
1	Karl der Große wird Kaiser	☐
2	Napoleon Bonaparte erobert Europa	
1	Gutenberg erfindet den Druck mit beweglichen Lettern	☐
2	Vasco da Gama umsegelt das Kap der Guten Hoffnung	
1	Amerikanische Unabhängigkeitserklärung	☐
2	Französische Revolution	
1	Martin Luthers Reformation	☐
2	Ludwig XIV. von Frankreich, der „Sonnenkönig"	
1	Cäsar erobert Gallien	☐
2	Rom wird gegründet	
1	Bostoner „Teaparty"	☐
2	Englische Siedler erreichen die Ostküste Nordamerikas	
1	Siebenjähriger Krieg zwischen Preußen und Österreich	☐
2	James Watt erfindet die Dampfmaschine	
1	Völkerwanderung	☐
2	Kreuzzüge ins „Heilige Land"	
1	Erste Olympische Spiele in Griechenland	☐
2	Bau der Pyramiden	
1	Christi Geburt	☐
2	Schlacht im Teutoburger Wald	
1	„Luftbrücke" von und nach Berlin	☐
2	Bau der Berliner Mauer	
1	Weimarer Republik	☐
2	Zweiter Weltkrieg	
1	Gründung des zweiten Deutschen Reiches in Versailles	☐
2	Deutschland wird eine Republik	

Wenn du die Punkte addierst, erhältst du die Summe 13.

Sportliches

Kreuze die Buchstaben in den Kästen vor dem „richtigen" Begriff an.

„Alle Neune" ruft man beim
- A Eisschießen
- B Mensch ärgere dich nicht
- N Kegeln

Ein „Doppel" gibt es beim
- I Tennis
- U Völkerball
- R Wettlauf

Wo liegt Wimbledon?
- L in Schweden
- C in England
- A in Kanada

In welcher europäischen Hauptstadt endet die Tour de France?
- S in Madrid
- G in Rom
- A in Paris

Wo liegt der berühmte Nürburgring?
- I im Westerwald
- A im Teutoburger Wald
- R in der Eifel

Was ist ein Diskus?
- R ein japanisches Handballspiel
- A eine Wurfscheibe
- L eine Figur beim Turmspringen

Was ist der Olymp?
- P der Erfinder des Marathonlaufes
- I ein griechischer Gott
- G ein Berg in Griechenland

„Abseits" kommt vor beim
- S Rugby
- U Fußball
- E Radrennen

Was stellen die fünf olympischen Ringe dar?
- I den modernen olympischen Fünfkampf
- N fünf verschiedene Sportarten
- A die fünf Erdteile

Wo werden Biathlonwettbewerbe ausgetragen?
- G im Schnee
- K im Wasser
- V in der Luft

Was ist ein Katamaran?
- E ein Schlitten
- U ein Segelboot mit zwei Kielen
- O ein Sportflugzeug

Was ist der Davis-Cup?
- L ein besonderer Eishockeyschläger
- A eine internationale Tennistrophäe
- N eine bestimmte Drehung beim Eiskunstlauf

Welches typisch englische Mannschaftsspiel wird mit Pferden ausgetragen?
- U Hockey
- T Polo
- E Kricket

Unter welchem Namen ist Federball noch bekannt?
- E Badminton
- M Federtennis
- Z Flugball

Was sind Rallyes?
- B Rundstreckenrennen
- U Straßenrennen mit Geschwindigkeitsrekorden
- M Zuverlässigkeitsrennen mit Sonderprüfungen

Was ist der Meniskus?
- A ein Zwischenknorpel im Kniegelenk
- I der Schiedsrichter beim Tennis
- E ein Sportgerät der Leichtathletik

Was ist ein Puck?
- E der Trainer der Bobfahrer
- L die Spielscheibe beim Eishockeyspiel
- A die Stoppuhr der Langstreckenläufer

In welcher Disziplin einer Sportart gibt es eine Riesenfelge?
- N beim Radrennen
- A beim Reckturnen
- T beim Autorennen

Die richtigen Buchstaben ergeben zwei Staaten in Mittelamerika:

_____   _____

Sprichwörter, die jeder kennen sollte

Fülle die Lücken. Setze für jeden Strich einen Buchstaben ein.
An der Anzahl der Buchstaben der Wörter unter dem Text kannst du erkennen, welches Wort fehlt!

_ _ _ _ _ _ _ ist der beste Koch

Wer zuerst kommt, _ _ _ _ _ zuerst.

Über _ _ _ _ _ _ _ _ _ lässt sich nicht streiten.

Was ich nicht weiß, macht mich nicht _ _ _ _.

Wer den _ _ _ _ _ _ _ nicht ehrt, ist des _ _ _ _ _ _ nicht wert.

Beim Hobeln fallen _ _ _ _ _.

Die Katze lässt _ _ _ _ _ _ _ _ _ nicht.

In der Not frisst der _ _ _ _ _ _ _ _ _ _ _ _ _.

Der _ _ _ _ _ _ _ _ _ _ _ _ _ hat die dicksten Kartoffeln.

_ _ _ _ _ _ _ _ _ _ _ _ _ ist halb gewonnen.

Wie man in den Wald hineinruft, so _ _ _ _ _ _ _ _ _ _ _ _ _ _ _ _ _ _.

Lügen haben _ _ _ _ _ _ _ _ _ _ _.

_ _ _ _ _ _ _ _ _ _ _ _ hat Gold im Mund.

Einem geschenkten Gaul schaut man nicht _ _ _ _ _ _ _ _.

Der _ _ _ _ _ _ fällt nicht weit _ _ _ Stamm.

Auf einen groben Klotz gehört ein _ _ _ _ _ _ _ _ _ _ _.

Gebranntes _ _ _ _ scheut das Feuer.

Wer anderen eine _ _ _ _ _ _ gräbt, fällt selbst _ _ _ _ _ _ _.

_ _ _ _ _ _ _ _, bleib bei deinen Leisten.

Der _ _ _ _ _ geht so lange zum _ _ _ _ _ _ _ _, bis er bricht.

Ein gutes _ _ _ _ _ _ _ _ _ ist ein sanftes _ _ _ _ _ _ _ _ _ _ _.

Den _ _ _ _ _ _ _ _ beißen die Hunde.

Wer den _ _ _ _ _ _ _ _ hat, braucht für den _ _ _ _ _ _ nicht zu sorgen.

Wenn _ _ _ _ sich streiten, freut sich der _ _ _ _ _ _ _.

2: es	**5:** Apfel	**6:** Dritte	**7:** Brunnen	**8:** gefallen
	Bauer	Frisch	dümmste	Schuster
3: das	Beine	gewagt	Fliegen	Gewissen
ins	Grube	grober	letzten	
vom	kurze	heraus	Pfennig	**9:** Geschmack
	mahlt	Himmel	Schaden	
4: heiß	Späne	hinein	schallt	**10:** Ruhekissen
Keil	Spott	Hunger		
Kind		Mausen		**11:** Morgenstund
Krug		Talers		
Maul		Teufel		
zwei				

8

Bundesländer und ihre Hauptstädte

D	A	S	T	O	P	M	F	R	E	I	G	U	T	E	R	F	U	R	T	D
B	O	S	D	F	H	Ü	I	U	C	M	S	K	Z	F	E	S	S	C	H	V
R	F	B	A	D	E	N	W	Ü	R	T	T	E	M	B	E	R	G	S	Ü	G
E	F	A	R	T	S	C	H	W	N	N	U	E	L	Z	E	N	F	C	R	M
M	E	R	M	I	N	H	O	F	H	A	T	T	E	D	I	E	L	H	I	E
E	N	S	O	L	G	E	R	N	J	I	T	H	N	R	K	I	E	L	N	C
N	B	A	Y	E	R	N	W	E	K	I	G	R	H	E	I	N	E	E	G	K
M	U	A	L	S	F	E	L	D	C	S	A	C	H	S	E	N	D	S	E	L
N	R	R	O	T	T	E	R	D	A	M	R	O	M	D	U	M	M	W	N	E
H	G	L	Ü	B	E	C	K	L	I	R	T	W	D	E	S	A	B	I	G	N
T	S	A	A	R	B	R	Ü	C	K	E	N	G	I	N	T	I	G	G	E	B
Z	O	N	S	A	A	R	B	U	R	G	I	E	S	S	E	N	G	H	T	U
U	L	D	R	H	E	I	N	L	A	N	D	P	F	A	L	Z	T	O	B	R
O	T	T	B	E	R	G	E	N	F	U	B	E	R	S	O	D	U	L	I	G
E	A	R	N	S	B	E	R	G	M	A	R	B	U	R	G	Ü	B	S	K	V
W	W	I	E	S	B	A	D	E	N	G	A	R	T	E	N	S	I	T	Z	O
K	A	S	S	E	L	G	Ö	T	T	I	N	G	E	N	A	S	T	E	L	R
L	U	M	E	N	F	E	P	O	T	S	D	A	M	N	I	E	R	I	G	P
Ö	N	O	R	D	R	H	E	I	N	W	E	S	T	F	A	L	E	N	F	O
Z	Ü	R	I	C	H	F	S	T	E	I	N	F	U	R	T	D	O	L	U	M
J	E	V	E	R	F	M	A	G	D	E	B	U	R	G	M	O	E	R	S	M
S	C	H	E	I	H	T	C	T	I	F	U	T	N	M	D	R	S	A	W	E
W	E	R	L	A	A	C	H	E	N	A	R	R	D	O	R	F	I	N	E	R
G	B	T	H	M	N	D	S	H	R	Z	G	S	S	C	H	W	E	R	I	N
A	D	E	N	A	N	I	E	D	E	R	S	A	C	H	S	E	N	I	E	L
T	R	A	U	N	O	R	N	Ü	R	N	B	E	R	G	B	A	S	E	L	K
H	E	R	G	A	V	B	A	L	H	A	M	B	U	R	G	E	R	D	E	R
K	D	E	S	S	E	N	N	G	E	L	S	E	N	K	I	R	C	H	E	N
Ö	W	E	S	E	R	D	H	I	L	D	E	S	H	E	I	M	R	O	T	H
L	P	W	I	E	N	B	A	M	B	E	R	G	B	O	C	H	U	M	G	A
N	G	B	S	T	R	A	L	S	U	N	D	D	U	I	S	B	U	R	G	R
G	D	O	R	T	M	U	T	N	H	U	O	P	E	R	B	E	R	L	I	N

Kreise die Bundesländer und ihre Hauptstädte ein.
Die Bundesländer, die nur aus einer Stadt bestehen, haben keine Hauptstadt dabeistehen.

Weitere Übungsmöglichkeiten:
Schreibe die Bundesländer und ihre Hauptstädte als Tabelle.
Übe die Bundesländer und ihre Hauptstädte mit einem Partner.

Begriffe aus dem politischen Alltag

Kreuze die Zahl im Kästchen vor der „richtigen" Erklärung an.

Ein Abgeordneter ist
1 ein gewählter Volksvertreter
2 ein Beamter in einem Ministerium

Demokratie heißt
1 Herrschaft der Parteien
2 Herrschaft des Volkes

Die Exekutive ist
1 die gesetzgebende Gewalt
2 die ausführende Gewalt

Die deutsche Verfassung heißt
1 Grundgesetz
2 Bürgerliches Gesetzbuch

Ein Parlament ist
1 die Volksvertretung eines Staates
2 der Sammelname für alle Minister

Die gesetzgebende Gewalt heißt
1 Exekutive
2 Legislative

Eine Verfassung ist
1 eine Sammlung wichtiger Gesetze
2 die Grundordnung eines Staates

Der Bundesrat ist
1 die Vertretung der Bundesländer
2 die Vertretung der deutschen Städte

Eine Fraktion nennt man
1 alle Parteien, die gewählt werden
2 die Abgeordneten einer Partei

Die Bundesversammlung wählt
1 den Bundespräsidenten
2 den Bundeskanzler

Der Bundestag ist
1 die Vertretung der Bundesländer
2 das gesetzgebende Bundesorgan

Die richterliche Gewalt nennt man
1 Juristerei
2 Judikative

Eine Koalition ist
1 ein Zusammenschluss von Parteien, um zu regieren
2 der Gegner der Regierung

Zur Opposition gehören
1 die Regierungsparteien
2 die Parteien, die nicht an der Regierung beteiligt sind

Der Chef der Bundesregierung ist
1 der Bundespräsident
2 der Bundeskanzler

In einer Monarchie ist
1 das Staatsoberhaupt ein Präsident
2 das Staatsoberhaupt ein Kaiser oder König

Die Bundesregierung besteht aus
1 allen Abgeordneten
2 dem Bundeskanzler und den Ministern

Ein Ministerpräsident ist
1 der Regierungschef eines Bundeslandes
2 ein Minister, der einmal Präsident war

10

Durch Addition der richtigen Kennziffern erhält man die Summe 29.

Fremdwörter, die uns immer wieder begegnen

Welches bekannte Fremdwort kann an Stelle der deutschen Begriffe verwendet werden?
Die Silben helfen dir.

a - bel - cha - de - di - Di - Dis - Domp - drett - Fri - ge - gent - In - kal - ke - Kra - Kra - ku - la - li - Mas - Me - mi - Mo - ne - ne - nik - on - Pa - Phan - plin - Po - por - Pro - Qua - ra - ra - rat - Re - ri - rist - Rou - schee - se - se - se - Sta - Sta - ta - tät - te - teu - teur - ti - ti - tik - til - tis - tom - tor - tro - Ven - Ven - wall - wat - zi

Anzeige

Güte, Wert, Beschaffenheit

sauber, ordentlich

Trinkgefäß, Siegespreis

Lüfter

Munition für Handfeuerwaffen

Berichterstattung

Verkleidung

Schlips, Halsbinde

ordentliches Verhalten, Spezialgebiet

islamisches Gebetshaus

Lehre und Kunst des Maschinenbaus

Kapellmeister

Absperrvorrichtung

Gerät zum Backen und Braten

gespenstische Erscheinung, Trugbild

Tierbändiger

Sportfeld mit Zuschauerrängen

Fertigkeit, Erfahrung

zahlenmäßige Erfassung

jämmerlich, kläglich

Bevollmächtigter

Krach, Lärm

Das Lösungswort ist ein Beruf: _____

Festtage im Laufe des Jahres

1.	An welchem Tag beginnt die Fastenzeit?
2.	Was ist am 21. März?
3.	Wie heißt der Freitag vor Ostern?
4.	Wie wird der Karnevalsmontag genannt?
5.	Am 6. Januar ist das Fest der „Heiligen drei ...“
6.	Der 14. Februar ist den Verliebten und den Gärtnern gewidmet:
7.	Wie heißt der Tag vor Weihnachten?
8.	Wie heißt der Donnerstag vor Ostern?
9.	Der Tag vor Aschermittwoch:
10.	Das Fest der Auferstehung Jesu:
11.	40 Tage nach Ostern:
12.	So wird die Vorweihnachtszeit genannt:
13.	Was ist am 23. September?
14.	Wie heißt der Sonntag vor Ostern, an dem Palmenzweige geweiht werden?
15.	Der erste Tag im Jahr heißt:
16.	Am zweiten Sonntag im Mai soll man eine Verwandte besonders ehren:
17.	Am ersten Sonntag im Oktober feiern vor allem die Bauern:
18.	Der 1. November heißt:
19.	Was ist am 25. Dezember?
20.	50 Tage nach Ostern:
21.	Was ist am 21. Juni?
22.	Wer wird am 6. Dezember verehrt?
23.	Der Sonntag vor dem 1. Advent ist der ...
24.	Wie heißt der letzte Tag im Jahr?

12

Das Lösungswort ist ein neuer Beruf in der chemischen Industrie.

_____

Weitere Übungsmöglichkeiten:
Lege einen Kalender an, in dem du die Festtage sortierst!
Schreibe Sätze, die immer mit dem Festtag beginnen und ihn in den Kalender einordnen: z. B. Neujahr ist der 1. Januar.

_____

Wirtschaftliche Grundbegriffe

Ordne die folgenden Begriffe den untenstehenden Erläuterungen zu, indem du die Kennbuchstaben davorsetzt!

A Börse	C Bruttolohn	S Zinsen	E DAX	E Devisen
E Gewerkschaften	H Girokonto	I Lohnsteuer	N Nettolohn	S Tarifvertrag
N Sozialversicherung	R Streik	D Vermögenswirksame Anlage		

☐ Einkommen nach Abzug von Steuern und Versicherungen

☐ Zahlung an den Staat, die vom Arbeitgeber vom Lohn einbehalten wird

☐ Summe der wichtigsten deutschen Aktien = Deutscher Aktienindex

☐ Sparform für Arbeitnehmer mit Zuschüssen vom Arbeitgeber und vom Staat

☐ Vertretung der Arbeitnehmer gegenüber dem Arbeitgeber

☐ Arbeitsniederlegung als Kampfmittel gegenüber den Arbeitgebern

☐ Preis für geliehenes Geld, Preis für gespartes Geld

☐ Hier werden Aktien gehandelt

☐ Einkommen vor Abzug von Steuern und Versicherungen

☐ Das „laufende" Konto, auf das Lohn gezahlt und von dem Kosten abgebucht werden

☐ Vereinbarung zwischen Gewerkschaften und Arbeitgeberverbänden über die Lohnhöhe

☐ Begriff für ausländische Währung

☐ Abzug vom Lohn zur Vorsorge

Als Lösungswort erhältst du ein Bundesland: _____

Sozialversicherung

Vom Bruttolohn werden Steuern und Sozialversicherungsbeiträge abgezogen. Diese Beiträge muss man auch dann zahlen, wenn man noch keine Steuern zahlt. Die Hälfte der Beiträge zahlt der Arbeitgeber, die andere Hälfte der Arbeitnehmer.

In welcher Situation ist welche Versicherung zuständig?

Du bist alt und kannst nicht mehr arbeiten	Pflegeversicherung
Du hast Arzt-, Krankenhaus-, Zahnarztkosten	Rentenversicherung
Du kannst dich nicht mehr selbst versorgen	Arbeitslosenversicherung
Du hast deinen Arbeitsplatz verloren	Krankenversicherung

Zeichne Pfeile von den Situationen zu den richtigen Versicherungen!

13

Flüsse in Deutschland

Ordne die Flüsse den Städten zu! (Die Flüsse kommen mehrfach vor!)

Regensburg _____	München _____	Bremen _____	Halle _____
Wiesbaden _____	Potsdam _____	Frankfurt _____	Trier _____
Saarbrücken _____	Würzburg _____	Hamburg _____	Berlin _____
Düsseldorf _____	Stuttgart _____	Kassel _____	Jena _____
Magdeburg _____	Dresden _____	Göttingen _____	Köln _____
Heidelberg _____	Hannover _____	Emden _____	Mainz _____
Mannheim _____	Augsburg _____	Passau _____	Fulda _____

Spree	Lech	Leine	Isar	Donau	Saale	Main	Ems
Fulda	Weser	Elbe	Mosel	Rhein	Saar	Havel	Neckar

Weitere Übungsmöglichkeiten:
Lege eine Tabelle an und schreibe in die vordere Spalte die Flüsse und in die zweite Spalte die Städte dazu!
Finde die Länge der Flüsse heraus und sortiere sie nach ihrer Länge.
Schreibe die Nebenflüsse von Rhein und Donau auf! Sortiere dazu nach „rechts" und „links" von der Quelle aus.

Berge in Deutschland

Ordne den folgenden Gebirgen die Berge zu!

Bayerischer Wald _____	Odenwald _____
Eifel _____	Rhön _____
Erzgebirge _____	Rothaargebirge _____
Fichtelgebirge _____	Schwarzwald _____
Harz _____	Taunus _____
Hunsrück _____	Thüringer Wald _____

Brocken   Fichtelberg   Großer Feldberg   Katzenbuckel   Erbeskopf   Schneeberg
Hohe Acht   Großer Arber   Feldberg   Großer Beerberg   Kahler Asten   Wasserkuppe

Weitere Übungsmöglichkeiten:
Schreibe wie bei den Flüssen erst die Berge, dann die Gebirge auf.
Sortiere die Berge nach ihrer Höhe und schreibe die Höhe dazu.
Schreibe die zehn höchsten Berge in eine Tabelle; beginnend mit dem höchsten Berg.

Geschichtliche Persönlichkeiten

ä = ae, ö = oe, ü = ue

1.	Er stieg in Frankreich vom General zum Kaiser auf, er krönte sich selbst					☐							
2.	Römischer Feldherr, der Gallien eroberte		☐										
3.	„Apostel" der Deutschen, brachte das Christentum zu den Germanen		☐										
4.	Griechischer König, der mit seinem Heer bis nach Asien zog						☐						
5.	Gründer des Islam			☐									
6.	Erfinder der Dampfmaschine	☐											
7.	Katholische Nonne, die mit den Armen lebte									☐			
8.	Gründer des deutschen Kaiserreiches von 1871, erster Reichskanzler						☐						
9.	Erster Präsident der USA		☐										
10.	Beiname Ludwigs XIV. von Frankreich									☐			
11.	Erster deutscher Bundeskanzler		☐										
12.	Oberster griechischer Gott	☐											
13.	Heerführer im 1. Weltkrieg, später Reichspräsident bis 1934			☐									
14.	Entdecker Amerikas		☐										
15.	Er reformierte 1517 die Kirche			☐									
16.	Einzige Frau mit zwei Nobelpreisen				☐								
17.	Titel der altägyptischen Könige	☐											
18.	Ägyptische Königin					☐							
19.	Erster Weltumsegler 1519-1522					☐							
20.	Viktorianische Königin				☐								
21.	Er entdeckte, dass sich die Erde und alle Planeten um die Sonne drehen	☐											
22.	Erster deutscher Bundespräsident	☐											
23.	Erfinder des Buchdrucks					☐							

Das Lösungswort ist ein Beruf, der mit Traktoren zu tun hat:

_____

Weitere Übungsmöglichkeiten:
Schreibe Sätze bei denen der Name zuerst steht: z. B.: ... war der erste ...
oder ... hat ... erfunden.

15

Kuckuckseier I

In jede Zeile hat sich ein Wort eingeschlichen, das nicht zu den anderen passt. Streiche das falsche Wort durch und erläutere in der Zeile dahinter, was daran falsch ist!

Beispiel: Monika ~~Peter~~ Silke Eva   Peter ist kein Mädchenname (oder: ist ein Jungenname)

1. Wiesbaden München Karlsruhe Stuttgart _____

2. Hannover Leipzig Eisenach Mailand _____

3. Isar Mosel Main Nahe _____

4. Mannheim Mainz Regensburg Wesel _____

5. Saarland Sauerland Vogtland Emsland _____

6. Hessen Niedersachsen Niederrhein Thüringen _____

7. Schwarzwald Rhön Alpen Harz _____

8. Teutoburger Wald Eifel Taunus Hunsrück _____

9. München Berlin Warschau Paris _____

10. Helgoland Rügen Norderney Amrum _____

11. Frankreich Niederlande Dänemark Italien _____

12. Italien Spanien Griechenland Tschechien _____

13. Donau Rhein Elbe Weser _____

14. Liverpool Stockholm Marseille Neapel _____

15. Passau Augsburg Ulm Regensburg _____

16. Allerheiligen Muttertag Ostern Fronleichnam _____

17. Apollo Zeus Cäsar Poseidon _____

18. Kolumbus Vasco da Gama Magellan Kopernikus _____

19. Addition Deklination Division Multiplikation _____

20. Fledermaus Adler Schwalbe Meise _____

21. Bornholm Borneo Madagaskar Sumatra _____

16

Berühmte Leute, die man kennen sollte

C	Konrad Adenauer	R	Georg Friedrich Händel
L	Johann Sebastian Bach	S	Doris Lessing
B	Ingeborg Bachmann	K	Josef Haydn
E	Ludwig van Beethoven	C	Gustav Heinemann
L	Karl Benz	C	Astrid Lindgren
R	Heinrich Böll	H	Roman Herzog
O	Willy Brandt	W	Theodor Heuss
V	Clara Schumann	K	Hans Holbein
S	Karl Carstens	H	Gottfried Keller
U	Gottfried Daimler	T	Kurt Georg Kiesinger
D	Rudolf Diesel	G	Thomas Alva Edison
R	Albrecht Dürer	L	Paul Klee
W	Samuel Morse	B	Helmut Kohl
A	Annette von Droste Hülshoff	W	Agatha Christie
T	Ludwig Erhard	I	Oskar Kokoschka
I	Marie Curie	E	Christa Wolf
E	Paul Gaugin	I	Marie-Luise Kaschnitz
E	Maria Bach	E	Heinrich Lübke
U	Johann Wolfgang von Goethe	N	Franz Marc
N	Günter Grass	G	Henri Matisse
C	Frans Hals	H	Michelangelo Buonarotti

U	Wolfgang Amadeus Mozart
S	Isaak Newton
A	Emil Nolde
H	Georg Simon Ohm
A	Nikolaus Otto
U	Pablo Picasso
R	Johannes Rau
S	Rembrandt van Rhijn
E	Peter Paul Rubens
I	Walter Scheel
G	Friedrich Schiller
U	Helmut Schmidt
S	Gerhard Schröder
S	Franz Schubert
E	Robert Schumann
N	Léonie Mendelssohn-Bartholdy
N	Tizian
F	Alessandro Volta
E	James Watt
N	Richard von Weizsäcker
N	Orvil und Wilbur Wright

Für diese Aufgabe wirst du ein Lexikon benutzen müssen! Suche die Namen und notiere ihre Berufe!
Setze die Buchstaben vor dem Namen der Reihenfolge nach in die Kästchen!
Bei richtiger Lösung entstehen die Namen von fünf deutschen Städten.

Dichter und Dichterinnen

Maler und Malerinnen

Komponisten und Komponistinnen

Erfinder/Entdeckerinnnen
Physiker

Bundespräsidenten

Bundeskanzler

17

Sehenswürdigkeiten der Welt

Trage ein, in welcher Stadt sich die Sehenswürdigkeiten befinden.
Schreibe auch auf, in welches Land man fahren muss!

	Stadt					Land
Eifelturm in						_____
Holstentor in						_____
Akropolis in						_____
Brandenburger Tor in						_____
Tower in						_____
Golden Gate Bridge in						_____
Hagia Sophia in						_____
Petersdom in						_____
Rialtobrücke in						_____
Frauenkirche in						_____
Römer in						_____
Schiefer Turm in						_____
Wartburg in						_____
Prater in						_____
Hydepark in						_____
Kurfürstendamm in						_____
Freiheitsstatue in						_____
Zwinger in						_____

**Die fett umrahmten Felder nennen dir eine Sehenswürdigkeit, die man unbedingt besichtigen

sollte, wenn man sich in Paris aufhält:_____

Monarchien in Europa

Niederlande	Großbritannien	Russland	Spanien
Deutschland	Irland	Ungarn	Monaco
Finnland	Luxemburg	Belgien	Schweiz
Norwegen	Liechtenstein	Österreich	Schweden
Frankreich	Litauen	Polen	Tschechien
Griechenland	Italien	Portugal	Dänemark

**Die dritten Buchstaben der Länder, die Monarchien sind, fehlen, nacheinander
geschrieben, im folgenden Satz!**

D_ _   B_ _ _r   _ _ _g t   _i_

_____

18

Diese Abkürzungen sollte man kennen

Abs. = _____   Nr. = _____

Abt. = _____   z. Zt. = _____

bzw. = _____   z. B. = _____

d. h. = _____   u. a. = _____

Min. = _____   v. Chr. = _____

Ordne die folgenden Abkürzungen zu!

| CVJM | FBI | DPA | AEG | BASF | MAN | RWE | VW | PKW | MG | PC | BBC | BMW |

Allgemeine Elektrizitätsgesellschaft _____   Badische Anilin- und Sodafabrikation _____

British Broadcasting Corporation _____   Bayerische Motorenwerke _____

Christlicher Verein junger Männer _____   Deutsche Presseagentur _____

Federal Bureau of Investigations _____   Maschinenfabrik Augsburg-Nürnberg _____

Maschinengewehr _____   Personal Computer _____

Volkswagen _____   Personenkraftwagen _____

Rheinisch-Westfälisches Elektrizitätswerk _____

Ordne die folgenden Begriffe den Abkürzungen zu!

Abwehr   Aktiengesellschaft   Aktiengesellschaft   Amerika   Atlantic   di Automobili   Fabbrica

Fidelity   Film   Flug   Flying   Hamburg   High   Italiana   Kanone   Kraft   Kriminal

Nations   North   Object   Organization   Organization   Paket   Polizei   Rad   di Torino

Treaty   Union   United   Unknown

Krad _____

Hapag _____

Fiat _____

NATO _____

Kripo _____

Hifi _____

UNO _____

UFA _____

UFO _____

Flak _____

19

Hauptstädte (weltweit)

Schreibe das Land zur Hauptstadt!

Buenos Aires _____   Rabat _____

Sofia _____   Oslo _____

Santiago _____   Wien _____

Kopenhagen _____   Warschau _____

Quito _____   Brisbane[2] _____

Helsinki _____   Bukarest _____

Athen _____   Stockholm _____

Honolulu[1] _____   Prag _____

Jerusalem _____   Kiew _____

Tokio _____   Caracas _____

Bogotá _____   Minsk _____

Vaduz _____   Nikosia _____

[1] Dies ist die Hauptstadt eines amerikanischen Bundesstaates.
[2] Dies ist die Hauptstadt eines australischen Bundestaates.
Wenn du die richtigen Länder hast, fällt dir an den Anfangsbuchstaben etwas auf.

Jetzt anders herum - europäische Hauptstädte, die man kennen muss:

Italien						
Norwegen						
Bulgarien						
Spanien						
Belgien						
Portugal						
Island						
Dänemark						
Schweden						
Polen						
Serbien / Montenegro						
Irland						
Weißrussland						
Ukraine						

Weitere Übungsmöglichkeiten:
Übe die Länder und ihre Hauptstädte auch anders herum.

20

Aus dem Wirtschaftsteil

Wer vertritt die Arbeitnehmer gegenüber den Arbeitgebern?

| ME | Parteien | SO | Gewerkschaften | KA | der Staat | EI | die Kirche |

Wie hieß der Wirtschaftsminister, der eine private Rentenversicherung mit staatlichen Zuschüssen ins Leben gerufen hat?

| NK | Clement | HR | Eichel | ZI | Riester | PI | Blüm |

Wie nennt man den Lohn vor Abzug der Steuern und Versicherungen?

| OM | Nettolohn | TA | Realeinkommen | WE | Haushaltsgeld | AL | Bruttolohn |

Wie heißt der Fachbegriff für ausländische Währung?

| VE | Devisen | RT | Zinsen | LL | Börse | ME | Dividende |

Wo werden Aktien gehandelt?

| EB | bei den Banken | RS | an der Börse | NS | bei der Post | ST | beim Staat |

Wo werden Lohnhöhen und Arbeitsbedingungen aufgeschrieben?

| TE | im Arbeitsvertrag | EU | im Mietvertrag | IC | im Tarifvertrag | EN | im Grundgesetz |

Was zieht der Arbeitgeber unter anderem vom Lohn ab?

| ER | Zinsen | UE | Devisen | SV | Kapitalsteuer | HE | Lohnsteuer |

Wie nennt man den Preis, den man für geliehenes Geld zahlen muss?

| SA | Miete | RU | Zinsen | RB | Steuern | ER | Dividende |

Wie nennt man den Lohn nach Abzug von Steuern und Versicherungen?

| NG | Nettolohn | TZ | Realeinkommen | SI | Haushaltsgeld | ES | Bruttolohn |

Welches Kampfmittel wenden die Vertreter der Arbeitnehmer gegenüber den Arbeitgebern an?

| CH | Überstunden | BE | krankfeiern | SB | Streik | CH | Urlaub |

Wie nennt man das Konto, auf dem Lohn und die laufenden Kosten verbucht werden?

| SC | Sparkonto | EI | Girokonto | ER | Schwarzkonto | EI | Scheckkonto |

Welche Versicherung gehört nicht zu den Sozialversicherungen?

| TR | Lebensversicherung | HE | Krankenversicherung | DP | Arbeitslosenversicherung | UN | Pflegeversicherung |

Was ist der DAX?

| RE | Daten-Fax-Gerät | GE | Deutsche Angestellten-Praxis | Ä | Deutscher Aktien-Index | ID | Dauer-Arbeits-Index |

Welche Steuer wird vom Lohn einbehalten?

| IS | Mehrwertsteuer | NT | Tabaksteuer | ER | Vermögenssteuer | GE | Kirchensteuer |

Das Lösungswort nennt einen Teil der Abzüge vom Lohn:

_____

Politische „Fremdwörter"

Hinweis															
„Herrschaft des Volkes"															
Gesetzgebende Gewalt															
Chef der Bundesregierung															
Mitglieder einer Partei im Bundestag															
oberstes Gesetz															
ausführende Gewalt															
wählt den Bundes-präsidenten															
Staatsform mit König															
Parteien, die nicht regieren															
Mitglied des Parlaments															
richterliche Gewalt															
Staatsform mit Präsident															
Vertretung der Bundesländer															
Parteien, die regieren															
Name unserer Verfassung															
Bundeskanzler und Minister															
Fremdwort für Volksvertretung															
Name unseres Parlaments															

Bei richtiger Lösung ergeben die fett umrandeten Buchstaben den Titel der Regierungschefs der Bundesländer (außer in den Stadtstaaten): (ä = ae; ö = oe; ü = ue)

Parlamente der Welt

Das englische Parlament besteht aus Oberhaus und
- Ⓑ Abgeordnetenhaus
- Ⓗ Bundeshaus
- Ⓦ Kongress
- Ⓑ Unterhaus

Das amerikanische Parlament heißt
- Ⓘ Abgeordnetenhaus
- Ⓞ Repräsentantenhaus
- Ⓔ Bundeshaus
- Ⓐ Kongress

Das russische Parlament heißt
- Ⓔ Kongress
- Ⓡ Unterhaus
- Ⓝ Duma
- Ⓜ Reichstag

Das israelische Parlament heißt
- Ⓝ Knesset
- Ⓝ Abgeordnetenhaus
- Ⓜ Kongress
- Ⓝ Oberhaus

Die richtigen Buchstaben nennen den Namen der ehemaligen Bundeshauptstadt: _____

Erdkunde-Toto

Welche Stadt liegt westlicher?

Schreibe eine **1**, wenn die erste Stadt westlicher liegt; eine **2**, wenn die zweite Stadt westlicher liegt und eine **0**, wenn beide Städte auf dem gleichen Längengrad liegen.

Göttingen – Würzburg	☐	Karlsruhe – Stuttgart	☐
Lübeck – Schwerin	☐	Augsburg – Dresden	☐
München – Nürnberg	☐	Essen – Saarbrücken	☐
Kassel – Düsseldorf	☐	Magdeburg – Schwerin	☐
Braunschweig – Wolfsburg	☐	Hamburg – Ulm	☐
Potsdam – Berlin	☐	Stuttgart – Heilbronn	☐
Stuttgart – Bremen	☐	Chemnitz – Rostock	☐
Koblenz – Regensburg	☐	Frankfurt/M. – Frankfurt/O.	☐
Halle – Leipzig	☐	Hannover – Salzgitter	☐
Paderborn – Erfurt	☐	Hannover – Bremen	☐
Dortmund – Münster	☐	Bremen – Bremerhaven	☐
Osnabrück – Siegen	☐	Hamm – Mainz	☐
Bonn – Köln	☐	Mannheim – Ludwigshafen	☐

Wenn du die Zahlen addierst, erhältst du die Summe 30.

Dasselbe mit Flüssen! Diesmal gibt es nur **1** oder **2**.

Werra – Fulda	☐	Neckar – Regen	☐	Havel – Elbe	☐
Rhein – Weser	☐	Mulde – Saale	☐	Rhein – Mosel	☐
Weser – Elbe	☐	Oder – Spree	☐	Eder – Fulda	☐
Nahe – Neckar	☐	Ruhr – Weser	☐	Rhein – Sieg	☐
Saale – Spree	☐	Rur – Ruhr	☐	Lech – Iller	☐
Werra – Weser	☐	Aller – Ems	☐	Iller – Isar	☐

Bei richtiger Lösung bekommst du in den drei Spalten durch Addition jedesmal die gleiche Zahl! ___

Und jetzt deutsche Mittelgebirge! Wieder nur **1** und **2**!

Thüringer Wald – Westerwald	☐	Frankenwald – Thüringer Wald	☐
Eifel – Taunus	☐	Fichtelgebirge – Schwarzwald	☐
Odenwald – Hunsrück	☐	Schwarzwald – Rhön	☐
Odenwald – Spessart	☐	Fränkische Alb – Bayerischer Wald	☐
Rhön – Harz	☐	Rothaargebirge – Vogelsberg	☐

Summe der Lösungen: 15

Geschichtliche Ereignisse I

Bringe die folgenden geschichtlichen Ereignisse in die richtige Reihenfolge!

Beginne mit dem Ereignis, das am weitesten zurückliegt. Schreibe die Kennbuchstaben auf!
Die Buchstaben vor den Ereignissen ergeben, in der richtigen Reihenfolge, zwei Wörter mit je fünf Buchstaben.
Die Anfangsbuchstaben der acht Wörter nennen dir eine Stadt!

A „Luftbrücke" von und nach Berlin   U Bauernkrieg   M Deutschland wird eine Republik

D Cäsar erobert Gallien   R Vasco da Gama umsegelt das Kap der Guten Hoffnung

E 1. Weltkrieg   K Teesturm in Boston   H Napoleon Bonaparte erobert Europa

C Kopernikus verkündet ein neues Weltbild   T Amerikanische Unabhängigkeitserklärung

---

I 2. Weltkrieg   R Englische Siedler erreichen die Ostküste Nordamerikas

D 30-jähriger Krieg   M Französische Revolution   F Rom wird gegründet

K Bau der Berliner Mauer   U Deutscher Zollverein   E Blütezeit der Hanse

P Erfindung des Rades   S Gründung des 2. Deutschen Reiches in Versailles

---

W Bau der Pyramiden   C Nationalsozialistische Herrschaft in Deutschland

T Deutsche Nationalversammlung in der Paulskirche   E Reformation Martin Luthers

H Gründung der Bundesrepublik Deutschland   G Karl der Große wird Kaiser

A Völkerwanderung   I Gründung der SPD   E Weimarer Republik

N James Watt erfindet die Dampfmaschine

T Gutenberg erfindet den Druck mit beweglichen Lettern   A Christi Geburt

N Erste Olympische Spiele in Griechenland   E Magellan umsegelt die Erde

B Kolumbus entdeckt Amerika   Z Ludwig XIV. von Frankreich, der „Sonnenkönig"

H Kreuzzüge ins Heilige Land   G Nürnberger Gesetze trennen „Arier" und Juden

C Schlacht im Teutoburger Wald   U Siebenjähriger Krieg zwischen Preußen und Österreich

Die Stadt heißt:

BVK PA21 • Wiehland Kohl: Training Allgemeinwissen

Wortschatz II

Suche das Gegenteil von:

uralt	[O] zeitnah	[H] modern	[D] brandneu	[I] altertümlich	[S] schlagfertig
träge	[U] bewegt	[H] schnell	[T] hastig	[E] flink	[O] langsam
grell	[L] bedeckt	[R] dumpf	[N] still	[I] weich	[N] schrill
geschwätzig	[S] leise	[K] einsilbig	[G] flüssig	[F] tonlos	[I] bescheiden
Liebe	[T] Freude	[E] Ehe	[L] Hass	[F] Lust	[F] Treue
rennen	[R] hüpfen	[A] springen	[E] laufen	[Ü] schlendern	[L] schwimmen
glatt	[S] eben	[G] rau	[I] glitschig	[L] gewellt	[E] spröde
aufwärts	[S] seitwärts	[L] rückwärts	[N] einwärts	[I] vorwärts	[E] abwärts
Fisch	[E] Kriechtier	[I] Wolke	[S] Vogel	[T] Insekt	[R] Säugetier
massiv	[C] klein	[S] kolossal	[E] zierlich	[G] dünn	[D] zart
eiskalt	[K] molligwarm	[E] unterkühlt	[G] glutheiß	[E] taufrisch	[T] feucht
wissensdurstig	[R] träge	[I] lernmüde	[E] faul	[R] neugierig	[G] urlaubsreif
einsam	[A] lebhaft	[B] gesellig	[I] freundlich	[I] verlegen	[B] umgänglich
freundlich	[E] müde	[N] zugeneigt	[N] spaßig	[C] ablehnend	[T] mürrisch
Milde	[N] Härte	[S] Güte	[P] Vergebung	[G] Rachsucht	[H] Gewaltakt
gewandt	[R] sprunghaft	[A] schwerfällig	[T] verschlafen	[E] abwesend	[T] versonnen
lustig	[I] benommen	[E] wach	[N] betrübt	[C] traurig	[E] sanft
Lob	[P] Leid	[G] Glück	[H] Tadel	[I] Verachtung	[K] Missachtung

Die richtigen Buchstaben ergeben ein Sprichwort:

_____

Noch mehr Sprichwörter

Setze die folgenden Sprichwörter richtig zusammen!

Jeder	gibt nach.	_____
Müßiggang	ist seines Glückes Schmied.	_____
Der Klügere	ist der Welt Lohn.	_____
Der Zweck	höhlt den Stein.	_____
Eigener Herd	ist aller Laster Anfang.	_____
Steter Tropfen	sehen mehr als zwei.	_____
Undank	ist Goldes wert.	_____
Vier Augen	heiligt die Mittel.	_____

25

Was weißt du über politische Wahlen?

Wie alt muss man sein, um bei den Kommunalwahlen wählen zu können?

B 15 Jahre
R 16 Jahre

T 18 Jahre
R 21 Jahre

Wie kommt der Bundeskanzler zu seinem Amt?

E Er wird vom Bundestag gewählt.
A Er wird von seinem Vorgänger bestimmt.

U Er wird vom Volk gewählt.
E Er wird von seiner Partei eingesetzt.

Wie kommt ein Bürgermeister zu seinem Amt?

I Er wird vom Volk gewählt.
P Er wird von seinem Vorgänger bestimmt.

N Er wird vom Stadtrat gewählt.
G Er wird von seiner Partei eingesetzt.

Wie kommt ein Bundesminister zu seinem Amt?

E Er wird vom Volk gewählt.
D Er wird vom Bundespräsidenten bestimmt.

U Er wird vom Bundestag gewählt.
C Er wird vom Bundeskanzler bestimmt.

Wie kommt der Bundespräsident zu seinem Amt?

S Er wird vom Volk gewählt.
H Er wird von der Bundesversammlung gewählt.

E Er wird vom Bundestag gewählt.
B Er wird vom Bundeskanzler bestimmt.

Wie lange dauert die Amtszeit des Bundespräsidenten?

H 4 Jahre
S 8 Jahre

S 5 Jahre
L 10 Jahre

Wie oft kann ein Bundespräsident wiedergewählt werden?

I gar nicht
T einmal

R zweimal
A dreimal

Wie wird man Abgeordneter im Bundestag?

A Man wird vom Bundeskanzler bestimmt.
K Man wird von seinem Vorgänger bestimmt.

A Man wird vom Volk gewählt.
U Man wird von seiner Partei eingesetzt.

Wie oft wird der Bundestag neu gewählt?

A Alle 3 Jahre
G Alle 4 Jahre

T Alle 5 Jahre
S Alle 10 Jahre

Die richtigen Buchstaben nennen den Namen des Gebäudes, in dem der Bundestag in Berlin tagt: _____

26

Länder und ihre Hauptstädte

Schreibe die jeweiligen Hauptstädte hinter die Länder.

Ägypten	_____	Iran	_____	Polen	_____
Albanien	_____	Irland	_____	Portugal	_____
Algerien	_____	Island	_____	Rumänien	_____
Argentinien	_____	Israel	_____	Russland	_____
Australien	_____	Italien	_____	Saudi Arabien	_____
Belgien	_____	Japan	_____	Schweden	_____
Bolivien	_____	Kanada	_____	Schweiz	_____
Brasilien	_____	Kolumbien	_____	Somalia	_____
Bulgarien	_____	Kuba	_____	Spanien	_____
Chile	_____	Liechtenstein	_____	Südkorea	_____
China	_____	Luxemburg	_____	Sudan	_____
Dänemark	_____	Marokko	_____	Syrien	_____
Finnland	_____	Mexiko	_____	Thailand	_____
Frankreich	_____	Monaco	_____	Tschechien	_____
Griechenland	_____	Norwegen	_____	Türkei	_____
Indien	_____	Österreich	_____	USA	_____
Indonesien	_____	Peru	_____	Venezuela	_____
Irak	_____	Philippinen	_____	Weißrussland	_____

Weitere Übungsmöglichkeiten:
Schreibe erst die Städte, dann die Länder!
Sortiere nach Kontinenten!

Bundesländer und ihre Hauptstädte

Schreibe die Bundesländer hinter die Hauptstädte.

Berlin	_____	Magdeburg	_____
Bremen	_____	Mainz	_____
Dresden	_____	München	_____
Düsseldorf	_____	Potsdam	_____
Erfurt	_____	Saarbrücken	_____
Hamburg	_____	Schwerin	_____
Hannover	_____	Stuttgart	_____
Kiel	_____	Wiesbaden	_____

BVK PA21 • Wiehland Kohl: Training Allgemeinwissen

Kuckuckseier II

In jede Zeile hat sich ein Wort eingeschlichen, das nicht zu den anderen passt. Streiche das falsche Wort durch und erläutere in der Zeile dahinter, was daran falsch ist!
Beispiel: Pferd ~~Kaktus~~ Hund Katze   Kaktus ist kein Tier (oder: ist eine Pflanze)

1.   Pfirsich   Apfel   Kirsche   Aprikose _____

2.   Schiller   Goethe   Böll   Bach _____

3.   Linde   Eiche   Tanne   Birke _____

4.   Heuss   Brandt   Lübke   Scheel _____

5.   Tanne   Buche   Kiefer   Fichte _____

6.   Trompete   Posaune   Harfe   Fanfare _____

7.   Neckar   Regen   Lech   Isar _____

8.   Parlament   Verfassung   Regierung   Konto _____

9.   Wolga   Nil   Niger   Zaire _____

10.   Israel   Japan   Moldavien   Iran _____

11.   Edison   Diesel   Daimler   Benz _____

12.   Chicago   Montreal   Denver   Atlanta _____

13.   Thermometer   Amperemeter   Millimeter   Barometer _____

14.   Hektar   Ar   Morgen   Liter _____

15.   Bayern   Sachsen   Niedersachsen   Breisgau _____

16.   München   Berlin   Hamburg   Bremen _____

17.   Dürer   Picasso   Händel   Nolde _____

18.   Stute   Welpe   Kuh   Sau _____

19.   Mars   Jupiter   Sonne   Venus _____

20.   orange   rot   blau   gelb _____

21.   Großbritannien   Niederlande   Frankreich   Belgien _____

Zahlenspielereien

Bei dieser Aufgabe sollst du Zahlen, die man kennen sollte, mathematisch miteinander verbinden. Schreibe dafür in das erste Kästchen die Lösungszahl und in das zweite Kästchen das Ergebnis aus der mathematischen Operation!

1. Wie viele Längengrade gibt es auf dem Globus? ☐

2. Wie hoch ist die elektrische Spannung an einer normalen Steckdose (Volt)? − ☐ = ☐

3. Welche Summe ergeben die Augen auf den gegenüberliegenden Seiten eines Würfels? : ☐ = ☐

4. Wie viele Ecken hat ein Würfel? X ☐ = ☐

5. Wie viele Jahreszeiten haben wir? : ☐ = ☐

6. Wie viele Vokale gibt es im Deutschen? : ☐ = ☐

7. Wie viel Stück sind ein Dutzend? + ☐ = ☐

8. Wie viele Beine muss ein Tisch haben, der nicht wackelt? X ☐ = ☐

9. Wie viele Seiten hat ein Würfel? − ☐ = ☐

10. Wie viele Planeten hat unser Sonnensystem? : ☐ = ☐

11. Bis zu welcher Zahl reicht die Zentimetereinteilung eines kleinen Geodreiecks? + ☐ = ☐

12. Wie viele Monate haben wir? − ☐ = 1

29

Fremdwörter, die man häufig hört

Kreuze die richtige deutsche Erklärung an.

Akkord	Fließbandarbeit	Musikinstrument	Höchstleistung	Stücklohn
Bankette	Filiale einer Bank	Blumengebinde	Straßenrand	kleines Sitzmöbel
Chanson	Wechsel	Lied	Gelegenheit	Schallplatten-wechsler
Dekor	Verzierung	Schaufensterfront	Wiederholung	Preisnachlass
Effekt	Wirkung	angeschnittener Ball	Beamter	Voraussetzung
Filiale	Endspiel	Zweigstelle	Hauptverwaltung	Geschäftsführerin
Genie	Großzügigkeit	Erbanlagen	hervorragend Begabter	Schmetterlings-blüher
Harmonie	Tasteninstrument	Missklang	Kummer	Übereinstimmung
Intoleranz	Unduldsamkeit	Großzügigkeit	Verständnis	Unwissenheit
Kommentar	Rundfunksprecher	Stellungnahme	Nachricht	Mitglied eines Vereins
Laie	Saiteninstrument	Diener	Nichtfachmann	Geistlicher
Methode	Zwischenergebnis	elektrischer Pol	Versuch	Verfahren
Neutralität	Nichteinmischung	gefährliche Strahlung	Bevorzugung	elektrische Ladung
Oboe	Streichinstrument	Blasinstrument	Schlaginstrument	Zupfinstrument
Parterre	Hinterhof	Dachgeschoss	Erdgeschoss	Durchgangshalle
Romanik	Sprachenfamilie	Baustil	altes Gedicht	gefühlsbetonte Stimmung
Skrupel	Operationsmesser	Vitaminmangel-krankheit	Sportruderboot	Bedenken
Transparenz	Widerstands-fähigkeit	Kraftübertragung	Lichtdurchlässigkeit	Spruchband
Utensil	Entbehrliches	Gebrauchsgegen-stand	Gewürz	Nützlichkeits-denken
Vasall	Gefolgsmann	Vorgesetzter	Hautpflegemittel	Blutgefäß

Weitere Übungsmöglichkeiten:
Für einige der „falschen" deutschen Begriffe gibt es auch Fremdwörter, die so ähnlich klingen wie das angegebene. Findest du 10?

30

Politische Persönlichkeiten des 20. Jahrhunderts

Ordne die Kennbuchstaben der Namen den Beschreibungen zu. Bei richtiger Lösung erhältst du die Namen des ersten Bundespräsidenten und den des ersten Bundeskanzlers der Bundesrepublik Deutschland.

A	Ernesto „Che" Guevara		ehemaliger DDR-Staatsratsvorsitzender
A	Claus von Stauffenberg		SPD-Politiker, Oppositionsführer 1949-52
A	David Ben Gurion		ehemalige britische Premierministerin
D	Evita Perón		Begründer des kommunistischen Chinas
D	Franz Josef Strauß		argentinische Politikerin
D	Alice Schwarzer		amerikanischer Bürgerrechtler
E	Margret Thatcher		sowjetischer Regierungschef in den 60er Jahren
E	Ho Chi Min		deutscher kommunistischer Politiker nach dem 1. Weltkrieg
E	Jassir Arafat		vietnamesischer Politiker
E	John F. Kennedy		SPD-Politiker, Bundeskanzler
H	Karl Liebknecht		Widerstandskämpferin gegen Hitler
H	Kurt Schumacher		Begründer des Bolschewismus in Russland
K	Lech Walesa		polnischer Arbeiterführer, 1. Präsident nach 1990
N	Ludwig Erhardt		südafrikanischer Bürgerrechtler, 1. schwarzer Präsident Südafrikas
N	Mahatma Gandhi		CDU-Politiker, Begründer der sozialen Marktwirtschaft
O	Mao Tse Tung		kommunistische Politikerin nach dem 1. Weltkrieg
O	Martin Luther King		kubanischer Politiker und Revolutionär
O	Nelson Mandela		CSU-Politiker, Bundesminister, bayerischer Ministerpräsident
R	Nikita Chruschtschow		1. Staatspräsident Israels
R	Rosa Luxemburg		bekannte deutsche Frauenrechtlerin
R	Rudi Dutschke		US-Präsident, 1963 ermordet
S	Sophie Scholl		indischer Unabhängigkeitskämpfer, gewaltloser Widerstand
S	W. I. Lenin		Widerstandskämpfer gegen Hitler, Attentat am 20. Juli 1944
T	Walter Ulbricht		englischer Politiker, ehemaliger Premierminister
U	Willy Brandt		Palästinenser-Präsident
U	Winston Churchill		deutscher Studentenführer, Vordenker der APO 1968

31

Weitere Übungsmöglichkeiten:
Ordne die Persönlichkeiten nach ihren Nationalitäten!
Informiere dich über Geburts- und evtl. Sterbedaten dieser Persönlichkeiten!

BVK PA21 • Wiehland Kohl: Training Allgemeinwissen

Tierisches Rätsel aus Kinderlied und Märchen

1.	Wer gewann immer den Wettlauf gegen den Hasen?	
2.	Wer schwimmt auf dem See?	
3.	„Alle Vögel sind schon da ... Amsel, ???, Fink und Star ..."	
4.	Wer ruft aus dem Wald?	
5.	Wer sitzt in der Grube?	
6.	Wer trägt rote Strümpfe auf „unserer Wiese"?	
7.	Wen muss man küssen, damit er ein Prinz wird?	
8.	Was ist eigentlich ein „Geißlein"?	
9.	Was für ein Tier ist „Maja"?	
10.	Welches Tier trägt im Märchen Stiefel?	
11.	An welchem goldenen Tier bleiben alle kleben?	
12.	Wer hat die Gans gestohlen?	
13.	Wer fraß Rotkäppchen, die Großmutter und die 7 Geißlein?	
14.	Was für Tiere sind Bernhard und Bianca?	
15.	Wer lief (mit ABC) im Schnee?	
16.	Was für ein Tier ist Dumbo?	
17.	Wer sitzt auf der Mauer, auf der Lauer?	

Das Lösungswort ist ein Beruf, bei dem man viel schreiben, rechnen und telefonieren muss:

_____

Und noch mal ein paar Tiere ...
ä = ae, ö = oe, ü = ue

1.	Das macht mancher aus einer Mücke.	
2.	Er wirft nicht mit dem Maul.	
3.	Sie sieht alles von oben.	
4.	Er legt angeblich im Frühjahr Eier.	
5.	Er wird „König der Tiere" genannt	
6.	Sie stechen im Sommer und Geld nennt man so.	
7.	Er ist das Wappentier vieler Staaten.	

Das Lösungswort ist ein haariger Beruf:

_____

Inseln in den Ozeanen

Arbeite mit Bleistift!!!

Ordne den Inseln Ozeane oder Meere zu, oder Kontinente, in deren Nähe sie liegen. Nimm einen Altlas zu HIlfe.

Borneo _____

Feuerland _____

Fidschi-Inseln _____

Formosa _____

Grönland _____

Haiti _____

Hawaii _____

Helgoland _____

Island _____

Jamaika _____

Java _____

Korsika _____

Kuba _____

Madagaskar _____

Malediven _____

Malta _____

Neufundland _____

Neuguinea _____

Neuseeland _____

Osterinsel _____

Philippinen _____

Sardinien _____

Sri Lanka _____

St. Helena _____

Sumatra _____

Taiwan _____

Tasmanien _____

Zypern _____

Berge und Gebirge

Ordne die folgenden Berge und Gebirge den Kontinenten zu, in denen sie liegen. Informiere dich im Atlas.

Kilimandscharo _____

Anden _____

Alpen _____

Taunus _____

Rocky Mountains _____

Vogesen _____

Mount Everest _____

Ardennen _____

Tienschan _____

Odenwald _____

Mount McKinley _____

Appalachen _____

Ural _____

Himalaja _____

Mont Blanc _____

Zugspitze _____

Rothaargebirge _____

Aconcagua _____

Fichtelgebirge _____

Apenninen _____

Böhmerwald _____

Atlas-Gebirge _____

Pyrenäen _____

Kaukasus _____

Eifel _____

Großglockner _____

Geschichtliche Ereignisse II

Bringe die folgenden geschichtlichen Ereignisse in die richtige Reihenfolge.
Beginne mit dem Ereignis, das am weitesten zurückliegt. Schreibe die Kennbuchstaben auf.
Damit du den Überblick behältst, schreibe zunächst die entsprechenden Jahreszahlen hinter das
Ereignis.

A Karl Marx und Friedrich Engels schreiben das „Kommunistische Manifest" _____ 1. ☐

C Magellan umsegelt die Erde _____ 2. ☐

C Nürnberger Gesetze trennen „Arier" und Juden _____ 3. ☐

D Rom wird gegründet _____ 4. ☐

D Amerikanische Unabhängigkeitserklärung _____ 5. ☐

E Bau der Pyramiden _____ 6. ☐

E Cäsar erobert Gallien _____ 7. ☐

E Karl der Große wird Kaiser _____ 8. ☐

E Kopernikus verkündet ein neues Weltbild _____ 9. ☐

E Französische Revolution _____ 10. ☐

E Gründung der SPD _____ 11. ☐

E Gründung der Bundesrepublik Deutschland _____ 12. ☐

F Völkerwanderung _____ 13. ☐

G Kolumbus entdeckt Amerika _____ 14. ☐

H Pizarro und Cortez beuten Mittelamerika aus _____ 15. ☐

H Englische Siedler erreichen die Ostküste Nordamerikas _____ 16. ☐

H Reichspogromnacht gegen die Juden _____ 17. ☐

I Gutenberg erfindet den Druck mit beweglichen Lettern _____ 18. ☐

I Reformation Martin Luthers (Aufstellung der 95 Thesen) _____ 19. ☐

I Siebenjähriger Krieg zwischen Preußen und Österreich _____ 20. ☐

I Weimarer Republik _____ 21. ☐

L Deutsche Nationalversammlung in der Paulskirche _____ 22. ☐

N Christi Geburt _____ 23. ☐

N Kreuzzüge ins Heilige Land _____ 24. ☐

N Blütezeit der Hanse _____ 25. ☐

N Vasco da Gama umsegelt das Kap der Guten Hoffnung _____ 26. ☐

N Deutschland wird eine Republik _____ 27. ☐

P Schlacht im Teutoburger Wald _____ 28. ☐

R Erste Olympische Spiele in Griechenland _____ 29. ☐

R 30-jähriger Krieg _____ 30. ☐

R Gründung des 2. Deutschen Reiches in Versailles _____ 31. ☐

R Bau der Berliner Mauer _____ 32. ☐

S James Watt erfindet die Dampfmaschine _____ 33. ☐

S Napoleon Bonaparte erobert Europa _____ 34. ☐

S 1. Weltkrieg _____ 35. ☐

T Bauernkrieg _____ 36. ☐

    T Ludwig XIV. von Frankreich, der „Sonnenkönig" _____ 37. ☐

    T Teesturm in Boston _____ 38. ☐

    T Deutscher Zollverein _____ 39. ☐

    T 2. Weltkrieg _____ 40. ☐

    T Wiedervereinigung Deutschlands _____ 41. ☐

    W Erfindung des Rades _____ 42. ☐

    W „Luftbrücke" von und nach Berlin _____ 43. ☐

Bei richtiger Lösung kannst du ein Sprichwort lesen:

_____

34

30 VIPs des 20. Jahrhunderts

Vorbemerkung: Niemand erwartet von dir, dass du alle Persönlichkeiten aus dem Sport, der Wissenschaft und der Kunst kennst. Du sollst aber einige kennen lernen. Orientiere dich am besten an der Buchstabenzahl und an den vorgegebenen Buchstaben! Informiere dich in einem Lexikon über die VIPs!

Prinzessin Diana	Edmund Hillary	Albert Einstein	Maria Callas	Fritz Walter
Mikis Theodorakis	Alfred Hitchcock	Georgio Armani	Mutter Teresa	Marie Curie
Axel Cäsar Springer	Hermann Gmeiner	Salvador Dali	Agatha Christie	Juri Gagarin
Maria Montessori	Rudolf Augstein	Frank Sinatra	Elvis Presley	Walt Disney
Roald Amundsen	Louis Armstrong	Charlie Chaplin	Josef Beuys	Carl Orff
Herbert von Karajan	Neil Armstrong	Max Schmeling	Alice Schwarzer	Christo

Clues:

- Einziger dt. Boxweltmeister aller Klassen
- Fußballer, Weltmeister 1954
- amerik. Schauspieler und Sänger („The Voice") — A ... A ... A
- Erfinderin von „Miss Marple"
- deutsche Frauenrechtlerin
- griech. Komponist und Minister
- Dirigent, ehemaliger Chef der Berliner Philharmoniker
- deutscher Komponist, Musikpädagoge
- Entdeckerin des Radiums — I ... I
- Physiker, stellte Relativitätstheorie auf
- dt. Zeichner, Objekt- und Aktionskünstler — S ... S
- amerik. Filmproduzent, (Mickey Maus, Goofy)
- span. Maler des Surrealismus
- Erstbesteiger des Mount Everest — D ... Y
- Polarforscher, erreichte als Erster den Südpol
- ital. Pädagogin, Schulgründerin
- „Vater" der SOS-Kinderdörfer — H ... G
- amerik. Stummfilm-Schauspieler und Regisseur — C ... C
- engl. Filmregisseur von psycholologischen Krimis
- Opernsängerin
- ital. Modeschöpfer
- amerik. Sänger (Rock´n Roll)
- amerik. Jazztrompeter („Satchmo")
- Ordensfrau, für die Armen in Indien tätig — T ... T
- dt. Verleger (BILD-Zeitung)
- dt. Journalist, Herausgeber des „Spiegels"
- „Königin der Herzen"
- amerik. „Verpackungs"-Künstler
- 1. Mensch auf dem Mond
- 1. Mensch im Weltraum

BVK PA21 • Wiehland Kohl: Training Allgemeinwissen

Noch mal Sprichwörter

Bilde zu den gegebenen Stichwörtern die richtigen Sprichwörter!

Tropfen - Stein
_____

Hunger - Koch
_____

Gold - Mund
_____

Axt - Zimmermann
_____

Hunde - Hasen
_____

Fleiß - Preis
_____

Krug - Brunnen
_____

Huhn - Korn
_____

Köche - Brei
_____

Hänschen - Hans
_____

Pfennig - Taler
_____

Zeit - Rat
_____

Jeder - Schmied
_____

Lügen - Beine
_____

Not - Teufel
_____

Bauer - Kartoffeln
_____

Gaul - Maul
_____

Apfel - Stamm
_____

Schuster - Leisten
_____

Schaden - Spott
_____

Kind - Feuer
_____

36

Hauptstädte der Bundesländer

Schreibe die gefragte Hauptstadt und das dazugehörige Bundesland auf.
Es geht in dieser Aufgabe nur um Flächenstaaten, nicht um die drei Stadtstaaten!

Welche Hauptstadt eines Flächenstaates hat:

	Hauptstadt	Bundesland
zwei „d" im Namen?	_____	_____
ein „l" am Ende?	_____	_____
zwei „n" im Namen?	_____	_____
zwei „a" im Namen?	_____	_____
zwei „n" und ein „ü" im Namen?	_____	_____
als zweiten Buchstaben ein „o"?	_____	_____
zwei „r" im Namen?	_____	_____
zwei „g" im Namen?	_____	_____
zwei „r" und zwei „a" im Namen?	_____	_____
als vierten Buchstaben ein „w"?	_____	_____
zwei „e" und zwei „d" im Namen?	_____	_____
zwei „s" und zwei „d" im Namen?	_____	_____
zwei „e" im Namen?	_____	_____
als dritten Buchstaben ein „i"?	_____	_____
vier „t" im Namen?	_____	_____
zwei „d" und ein „s" im Namen?	_____	_____
nur vier Buchstaben?	_____	_____
ein „m" am Ende?	_____	_____
ein „Sch" am Anfang?	_____	_____
ein „z" am Ende?	_____	_____

37

Geschichtliches und erdkundliches Staunen

So seltsam es auch klingen mag:
Die folgenden Aussagen sind jeweils beide richtig - es fehlt nur eine nähere Angabe.
Diese Angabe sollst du wissen und hinter die Aussagen schreiben!

König Ludwig von Frankreich starb im Bett. _____

König Ludwig von Frankreich starb auf der Guillotine. _____

Kaiser Karl war ein Habsburger. _____

Kaiser Karl wurde 800 in Rom gekrönt. _____

In Versailles wurde ein Reich gegründet. _____

In Versailles wurde ein Frieden geschlossen. _____

Kaiser Friedrich regierte nur 100 Tage. _____

Kaiser Friedrich ertrank in einem Fluss. _____

Napoleon kämpfte bei Sedan gegen die Preußen. _____

Napoleon kämpfte bei Jena gegen die Preußen. _____

Die Olympischen Spiele gibt es seit 1896. _____

Die Olympischen Spiele gibt es seit 776 v. Chr. _____

Frankfurt liegt im Westen Deutschlands. _____

Frankfurt liegt im Osten Deutschlands. _____

Die Weser „entspringt" in der Rhön. _____

Die Weser „entspringt" im Thüringer Wald. _____

Die Ruhr fließt in den Rhein. _____

Die Rur fließt in die Maas. _____

London liegt an der Themse. _____

    London liegt am Eriesee. _____

    In den Niederlanden regiert eine Königin. _____

    In den Niederlanden regiert ein Präsident. _____

    In Bethlehem wohnen Amerikaner. _____

    In Bethlehem wurde Jesus geboren. _____

Lösungen zu Seite 3

Wo - wie - was - wer weiß denn das?

Die Diesellokomotive hat einen	6 Auspuff	☐ Schornstein
Ein Tisch wackelt nie auf	9 drei Beinen	☐ vier Beinen
Das Anschlussgewinde eines Garten-schlauches misst man in	☐ Zentimetern	12 Zoll
Taschenlampenbatterien liefern	☐ Wechselstrom	4 Gleichstrom
Rostendes Eisen wird	☐ leichter	3 schwerer
Bei der Schere ist der rechte Hebelarm immer	☐ unten	8 oben
Die Nut ist an Bretterkanten eine	☐ stufenförmige Aussparung	2 rinnenförmige Aussparung
Das Moped hat eine	7 Trommelbremse	☐ Felgenbremse
Ein Kursbuch enthält die Übersicht der	☐ Luftfahrtlinien	6 Eisenbahnverbindungen
Die Gasuhr zählt den Verbrauch in	4 Kubikmetern	☐ Litern
Der Polizist trägt die Pistolentasche	5 links	☐ rechts

Wenn du die richtigen Ziffern addierst, erhältst du ein Vielfaches von 11: 66

Auch das sollte man wissen ...

Ein Luftdruckmesser heißt	1 Barometer	☐ Thermometer
Die elektrische Leistung misst man in	☐ Volt	4 Watt
Körpereigene Wirkstoffe nennt man	☐ Vitamine	6 Hormone
Der Heckmotor ist beim Auto	☐ vorne	8 hinten
Die Knopflöcher einer Herrenjacke sind	☐ rechts	10 links
Der Fahrraddynamo dreht sich	☐ rechts herum	12 links herum
Die Seite 26 ist in jedem Buch	☐ rechts	14 links

Auch hier ist die Lösungszahl ein Vielfaches von 11: 55

39

Bergen	N	O	R	W	E	G	E	N				
Utrecht	N	I	E	D	E	R	L	A	N	D	E	
Bayreuth	D	E	U	T	S	C	H	L	A	N	D	
Genf	S	C	H	W	E	I	Z					
Bombay	I	N	D	I	E	N						
Danzig	P	O	L	E	N							
Kanton	C	H	I	N	A							
Liverpool	E	N	G	L	A	N	D					
Den Haag	N	I	E	D	E	R	L	A	N	D	E	
Glasgow	S	C	H	O	T	T	L	A	N	D		
Saloniki	G	R	I	E	C	H	E	N	L	A	N	D
Gent	B	E	L	G	I	E	N					
Chicago	U	S	A									
Kiew	U	K	R	A	I	N	E					
Sydney	A	U	S	T	R	A	L	I	E	N		
Mekka	S	A	U	D	I	A	R	A	B	I	E	N
Kapstadt	S	Ü	D	A	F	R	I	K	A			
Fes	M	A	R	O	K	K	O					
Verona	I	T	A	L	I	E	N					
Krakau	P	O	L	E	N							
Giseh	Ä	G	Y	P	T	E	N					

Adelaide	A	U	S	T	R	A	L	I	E	N		
Osaka	J	A	P	A	N							
Winnipeg	K	A	N	A	D	A						
Cleveland	U	S	A									
Los Angeles	U	S	A									
Kitzbühl	Ö	S	T	E	R	R	E	I	C	H		
St. Petersburg	R	U	S	S	L	A	N	D				
Nanking	C	H	I	N	A							
Thun	S	C	H	W	E	I	Z					
Lüttich	B	E	L	G	I	E	N					
Neapel	I	T	A	L	I	E	N					
Ottawa	K	A	N	A	D	A						
Sankt Gallen	S	C	H	W	E	I	Z					
Marseille	F	R	A	N	K	R	E	I	C	H		
Uppsala	S	C	H	W	E	D	E	N				
Odense	D	Ä	N	E	M	A	R	K				
Salzburg	Ö	S	T	E	R	R	E	I	C	H		
Antwerpen	B	E	L	G	I	E	N					
Hammerfest	N	O	R	W	E	G	E	N				
Malmö	S	C	H	W	E	D	E	N				
Melbourne	A	U	S	T	R	A	L	I	E	N		

21   21

Die unterlegten Buchstaben jeder Spalte ergeben je einen Beruf:

EINZELHANDELSKAUFMANN   INDUSTRIEGLASFERTIGER

44

40

Lösung zu Seite 5

Besteck	W Hecke	(S) Löffel	B Steckdose	S Teller	W Hindernis
Bluse	(C) Hemd	E Wind	H Anzug	O Apparat	A Stärke
Laune	S Traum	R Krankheit	I Zauberei	(H) Stimmung	E Verständnis
informieren	U verändern	N aufpassen	D genehmigen	(U) Auskunft geben	L zusammenstellen
Garderobe	N Kirche	A Truppe	E Fahrzeug	U Gegensatz	(S) Kleideraufbewahrung
Prozess	T Fund	W Umzug	S Gebühr	S Schöffe	(T) Rechtsstreit
Patient	E Pille	I Gruppe	(E) Kranker	N Verwandter	L Kunde
Schal	I König	H Möbel	E Mantel	F Raubtier	(R) Halstuch
Zweifel	A Ärger	M Hoffnung	T Vertrauen	N Gewissen	(B) Unsicherheit
Anwalt	A Gehalt	E Ansicht	T Scheidung	(L) Verteidiger	G Landschaft
Miete	S Haus	U Gewinn	N Schwäche	(E) Geldbetrag	E Wohnung
Athlet	I Maske	T Gewicht	(I) Sportler	R Komiker	I Bergkuppe
Paragraf	U Erklärung	E Gegensatz	N Schreibzeug	F südamer. Land	(B) Gesetzesabschnitt
Sinfonie	S Takt	D Zuneigung	(B) Musikstück	E Zusammenfassung	H Versammlungshaus
Bewusstsein	G Geiz	R Schlaf	E Religion	(E) Wachheit	E Gewissen
Vergnügen	K Liebe	(I) Freude	N Schönheit	E Bequemlichkeit	N Bescheidenheit
Rabatt	W Menge	W Briefmarke	I Begrenzung	(D) Preisnachlass	D Empfangsbescheinigung
Aggression	(E) Angriff	A Strafe	I Hemmung	N Hoffnung	S Verteidigung
Genuss	E Kunst	E Sucht	S Honig	L Abenteuer	(I) Wohlbehagen
Urteil	D Neid	S Hinweis	N Ergebnis	F Abneigung	(N) Schiedsspruch
Existenz	(E) Dasein	W Gewinn	H Ansicht	U Vertrauen	E Verbannung
Resultat	A Vortrag	(N) Ergebnis	H Ausweisung	R Schwingung	N Wiederherstellung
Chaos	I Ärger	S Währung	I Beschädigung	(L) Durcheinander	Z Demonstration
Sehnsucht	D Liebe	D Gewinn	(E) Wunsch	N Freude	S Glück
Charakter	T Fleiß	I Anmut	(I) Eigenart	E Kategorie	E Unzuverlässigkeit
konsumieren	N süchtig	E genießen	E versuchen	(S) verbrauchen	R zusammenzählen
Droge	B Spritze	R Getreide	I Apotheke	J Reitertruppe	(T) Betäubungsmittel
ironisch	W böse	A uneinig	(E) spöttisch	U humorvoll	S einfühlsam
dementieren	U abordnen	A zerstören	F vorführen	U zurücktreten	(N) widerrufen

Die Buchstaben vor den richtigen Wörtern ergeben ein Sprichwort:

SCHUSTER, BLEIB BEI DEINEN LEISTEN.

Lösung zu Seite 6

1	Erfindung des Rades	1
2	Kolumbus entdeckt Amerika	
1	Magellan umsegelt die Erde	0
2	Bauernkrieg	
1	Erster Weltkrieg	2
2	30–jähriger Krieg	
1	Karl der Große wird Kaiser	1
2	Napoleon Bonaparte erobert Europa	
1	Gutenberg erfindet den Druck mit beweglichen Lettern	0
2	Vasco da Gama umsegelt das Kap der Guten Hoffnung	
1	Amerikanische Unabhängigkeitserklärung	0
2	Französische Revolution	
1	Martin Luthers Reformation	1
2	Ludwig XIV. von Frankreich, der „Sonnenkönig"	
1	Cäsar erobert Gallien	2
2	Rom wird gegründet	
1	Bostoner „Teaparty"	2
2	Englische Siedler erreichen die Ostküste Nordamerikas	
1	Siebenjähriger Krieg zwischen Preußen und Österreich	0
2	James Watt erfindet die Dampfmaschine	
1	Völkerwanderung	1
2	Kreuzzüge ins „Heilige Land"	
1	Erste Olympische Spiele in Griechenland	2
2	Bau der Pyramiden	
1	Christi Geburt	0
2	Schlacht im Teutoburger Wald	
1	„Luftbrücke" von und nach Berlin	0
2	Bau der Berliner Mauer	
1	Weimarer Republik	0
2	Zweiter Weltkrieg	
1	Gründung des zweiten Deutschen Reiches in Versailles	1
2	Deutschland wird eine Republik	

42

Wenn du die Punkte addierst, erhältst du die Summe 13.

Lösungen zu Seite 7

„Alle Neune" ruft man beim
- [ ] Eisschießen
- [ ] Mensch ärgere dich nicht
- [N] Kegeln

Ein „Doppel" gibt es beim
- [I] Tennis
- [ ] Völkerball
- [ ] Wettlauf

Wo liegt Wimbledon?
- [ ] in Schweden
- [C] in England
- [ ] in Kanada

In welcher europäischen Hauptstadt endet die Tour de France?
- [ ] in Madrid
- [ ] in Rom
- [A] in Paris

Wo liegt der berühmte Nürburgring?
- [ ] im Westerwald
- [ ] im Teutoburger Wald
- [R] in der Eifel

Was ist ein Diskus?
- [ ] ein japanisches Handballspiel
- [A] eine Wurfscheibe
- [ ] eine Figur beim Turmspringen

Was ist der Olymp?
- [ ] der Erfinder des Marathonlaufes
- [ ] ein griechischer Gott
- [G] ein Berg in Griechenland

„Abseits" kommt vor beim
- [ ] Rugby
- [U] Fußball
- [ ] Radrennen

Was stellen die fünf olympischen Ringe dar?
- [ ] den modernen olympischen Fünfkampf
- [ ] fünf verschiedene Sportarten
- [A] die fünf Erdteile

Wo werden Biathlonwettbewerbe ausgetragen?
- [G] im Schnee
- [ ] im Wasser
- [ ] in der Luft

Was ist ein Katamaran?
- [ ] ein Schlitten
- [U] ein Segelboot mit zwei Kielen
- [ ] ein Sportflugzeug

Was ist der Davis-Cup?
- [ ] ein besonderer Eishockeyschläger
- [A] eine internationale Tennistrophäe
- [ ] eine bestimmte Drehung beim Eiskunstlauf

Welches typisch englische Mannschaftsspiel wird mit Pferden ausgetragen?
- [ ] Hockey
- [T] Polo
- [ ] Kricket

Unter welchem Namen ist Federball noch bekannt?
- [E] Badminton
- [ ] Federtennis
- [ ] Flugball

Was sind Rallyes?
- [ ] Rundstreckenrennen
- [ ] Straßenrennen mit Geschwindigkeitsrekorden
- [M] Zuverlässigkeitsrennen mit Sonderprüfungen

Was ist der Meniskus?
- [A] ein Zwischenknorpel im Kniegelenk
- [ ] der Schiedsrichter beim Tennis
- [ ] ein Sportgerät der Leichtathletik

Was ist ein Puck?
- [ ] der Trainer der Bobfahrer
- [L] die Spielscheibe beim Eishockeyspiel
- [ ] die Stoppuhr der Langstreckenläufer

In welcher Disziplin einer Sportart gibt es eine Riesenfelge?
- [ ] beim Radrennen
- [A] beim Reckturnen
- [ ] beim Autorennen

Die richtigen Buchstaben ergeben zwei Staaten in Mittelamerika:

NICARAGUA   GUATEMALA

43

Lösung zu Seite 8

__H__ __u__ __n__ __g__ __e__ __r__ ist der beste Koch

Wer zuerst kommt, __m__ __a__ __h__ __l__ __t__ zuerst.

Über __G__ __e__ __s__ __c__ __h__ __m__ __a__ __c__ __k__ lässt sich nicht streiten.

Was ich nicht weiß, macht mich nicht __h__ __e__ __i__ __ß__.

Wer den __P__ __f__ __e__ __n__ __n__ __i__ __g__ nicht ehrt, ist des __T__ __a__ __l__ __e__ __r__ __s__ nicht wert.

Beim Hobeln fallen __S__ __p__ __ä__ __n__ __e__.

Die Katze lässt __d__ __a__ __s__ __M__ __a__ __u__ __s__ __e__ __n__ nicht.

In der Not frisst der __T__ __e__ __u__ __f__ __e__ __l__ __F__ __l__ __i__ __e__ __g__ __e__ __n__.

Der __d__ __ü__ __m__ __m__ __s__ __t__ __e__ __B__ __a__ __u__ __e__ __r__ hat die dicksten Kartoffeln.

__F__ __r__ __i__ __s__ __c__ __h__ __g__ __e__ __w__ __a__ __g__ __t__ ist halb gewonnen.

Wie man in den Wald hineinruft, so __s__ __c__ __h__ __a__ __l__ __l__ __t__ __e__ __s__ __h__ __e__ __r__ __a__ __u__ __s__.

Lügen haben __k__ __u__ __r__ __z__ __e__ __B__ __e__ __i__ __n__ __e__.

__M__ __o__ __r__ __g__ __e__ __n__ __s__ __t__ __u__ __n__ __d__ hat Gold im Mund.

Einem geschenkten Gaul schaut man nicht __i__ __n__ __s__ __M__ __a__ __u__ __l__.

Der __A__ __p__ __f__ __e__ __l__ fällt nicht weit __v__ __o__ __m__ Stamm.

Auf einen groben Klotz gehört ein __g__ __r__ __o__ __b__ __e__ __r__ __K__ __e__ __i__ __l__.

Gebranntes __K__ __i__ __n__ __d__ scheut das Feuer.

Wer anderen eine __G__ __r__ __u__ __b__ __e__ gräbt, fällt selbst __h__ __i__ __n__ __e__ __i__ __n__.

__S__ __c__ __h__ __u__ __s__ __t__ __e__ __r__, bleib bei deinem Leisten.

Der __K__ __r__ __u__ __g__ geht so lange zum __B__ __r__ __u__ __n__ __n__ __e__ __n__, bis er bricht.

Ein gutes __G__ __e__ __w__ __i__ __s__ __s__ __e__ __n__ ist ein sanftes __R__ __u__ __h__ __e__ __k__ __i__ __s__ __s__ __e__ __n__.

Den __l__ __e__ __t__ __z__ __t__ __e__ __n__ beißen die Hunde.

Wer den __S__ __c__ __h__ __a__ __d__ __e__ __n__ hat, braucht für den __S__ __p__ __o__ __t__ __t__ nicht zu sorgen.

Wenn __z__ __w__ __e__ __i__ sich streiten, freut sich der __D__ __r__ __i__ __t__ __t__ __e__.

Lösung zu Seite 9

1	2	3	4	5	6	7	8	9	10	11	12	13	14	15	16	17	18	19	20	21	22
						M									E	R	F	U	R	T	
B						Ü					S									H	
R		B	A	D	E	N	W	Ü	R	T	T	E	M	B	E	R	G		S	Ü	
E						C					U								C	R	M
M						H					T			D					H	I	E
E		S				E					T			R		K	I	E	L	N	C
N	B	A	Y	E	R	N					G			E					E	G	K
		A								S	A	C	H	S	E	N			S	E	L
		R									R			D		M			W	N	E
		L									T			E		A			I		N
	S	A	A	R	B	R	Ü	C	K	E	N			N		I			G		B
		N														N			H		U
		D	R	H	E	I	N	L	A	N	D	P	F	A	L	Z			O		R
				E						B					D				L		G
				S						R					Ü				S		V
	W	I	E	S	B	A	D	E	N	A					S				T		O
				E						N					S				E		R
				N		P	O	T	S	D	A	M			E				I		P
N	O	R	D	R	H	E	I	N	W	E	S	T	F	A	L	E	N		N		O
						S				N					D						M
					M	A	G	D	E	B	U	R	G		O						M
				H		C				U					R						E
				A		H				R					F						R
				N		S				G				S	C	H	W	E	R	I	N
				N	I	E	D	E	R	S	A	C	H	S	E	N					
				O		N															
				V	H	A	M	B	U	R	G										
				E		N															
				R		H															
						A															
						L															
						T									B	E	R	L	I	N	

(handwritten note) 29 P. f. T / 1 P. f. Tabelle

45

Lösung zu Seite 10

Ein Abgeordneter ist
- ☑ 1 ein gewählter Volksvertreter.
- ☐ ein Beamter in einem Ministerium

Demokratie heißt
- ☐ Herrschaft der Parteien
- ☑ 2 Herrschaft des Volkes

Die Exekutive ist
- ☐ die gesetzgebende Gewalt
- ☑ 2 die ausführende Gewalt

Die deutsche Verfassung heißt
- ☑ 1 Grundgesetz
- ☐ Bürgerliches Gesetzbuch

Ein Parlament ist
- ☑ 1 die Volksvertretung eines Staates
- ☐ der Sammelname für alle Minister

Die gesetzgebende Gewalt heißt
- ☐ Exekutive
- ☑ 2 Legislative

Eine Verfassung ist
- ☐ eine Sammlung wichtiger Gesetze
- ☑ 2 die Grundordnung eines Staates

Der Bundesrat ist
- ☑ 1 die Vertretung der Bundesländer
- ☐ die Vertretung der deutschen Städte

Eine Fraktion nennt man
- ☐ alle Parteien, die gewählt werden
- ☑ 2 die Abgeordneten einer Partei

Die Bundesversammlung wählt
- ☑ 1 den Bundespräsidenten
- ☐ den Bundeskanzler

Der Bundestag ist
- ☐ die Vertretung der Bundesländer
- ☑ 2 das gesetzgebende Bundesorgan

Die richterliche Gewalt nennt man
- ☐ Juristerei
- ☑ 2 Judikative

Eine Koalition ist
- ☑ 1 ein Zusammenschluss von Parteien, um zu regieren
- ☐ der Gegner der Regierung

Zur Opposition gehören
- ☐ die Regierungsparteien
- ☑ 2 die Parteien, die nicht an der Regierung beteiligt sind

Der Chef der Bundesregierung ist
- ☐ der Bundespräsident
- ☑ 2 der Bundeskanzler

In einer Monarchie ist
- ☐ das Staatsoberhaupt ein Präsident
- ☑ 2 das Staatsoberhaupt ein Kaiser oder König

Die Bundesregierung besteht aus
- ☐ allen Abgeordneten
- ☑ 2 dem Bundeskanzler und den Ministern

Ein Ministerpräsident ist
- ☑ 1 der Regierungschef eines Bundeslandes
- ☐ ein Minister, der einmal Präsident war

Durch Addition der richtigen Kennziffern erhält man die Summe 29.

46

Lösung zu Seite 11

Hinweis	Lösung
Anzeige	I n s **e** r a t
Güte, Wert, Beschaffenheit	Q u a **l** i t ä t
sauber, ordentlich	a d r **e** t t
Trinkgefäß, Siegespreis	P o **k** a l
Lüfter	V e n **t** i l a t o r
Munition für Handfeuerwaffen	P a t **r** o n e
Berichterstattung	R e p **o** r t a g e
Verkleidung	**M** a s k e r a d e
Schlips, Halsbinde	K r **a** w a t t e
ordentliches Verhalten, Spezialgebiet	D i **s** z i p l i n
islamisches Gebetshaus	M o s **c** h e e
Lehre und Kunst des Maschinenbaus	M e c **h** a n i k
Kapellmeister	D i r **i** g e n t
Absperrvorrichtung	V e **n** t i l
Gerät zum Backen und Braten	F r i t **e** u s e
gespenstische Erscheinung, Trugbild	P h a **n** t o m
Tierbändiger	D o **m** p t e u r
Sportfeld mit Zuschauerrängen	S t a d i **o** n
Fertigkeit, Erfahrung	R o u t **i** n e
zahlenmäßige Erfassung	S t a **t** i s t i k
jämmerlich, kläglich	m i s **e** r a b e l
Bevollmächtigter	P r o k **u** r i s t
Krach, Lärm	K r **a** w a l l

Das Lösungswort ist ein Beruf: <u>Elektromaschinenmonteur</u>

47

Lösung zu Seite 12

zu 1.   Aschermittwoch
zu 2.   Frühlingsanfang
zu 3.   Karfreitag
zu 4.   Rosenmontag
zu 5.   Könige
zu 6.   Valentinstag
zu 7.   Heiligabend
zu 8.   Gründonnerstag
zu 9.   Fastnacht
zu 10. Ostern
zu 11. Himmelfahrt
zu 12. Advent
zu 13. Herbstanfang
zu 14. Palmsonntag
zu 15. Neujahr
zu 16. Muttertag
zu 17. Erntedankfest
zu 18. Allerheiligen
zu 19. Weihnachten
zu 20. Pfingsten
zu 21. Sommeranfang
zu 22. Nikolaus
zu 23. Totensonntag
zu 24. Silvester

Lösungswort: **CHEMIEBETRIEBSJUNGWERKER**

Lösungen zu Seite 13

Wirtschaftliche Grundbegriffe

Lösungswort: **NIEDERSACHSEN**

Sozialversicherung

Du bist alt und kannst nicht mehr arbeiten	Pflegeversicherung
Du hast Arzt-, Krankenhaus-, Zahnarztkosten	Rentenversicherung
Du kannst dich nicht mehr selbst versorgen	Arbeitslosenversicherung
Du hast deinen Arbeitsplatz verloren	Krankenversicherung

48

Lösungen zu Seite 14

Flüsse in Deutschland

Regensburg	Donau	München	Isar	Bremen	Weser	Halle	Saale
Wiesbaden	Rhein	Potsdam	Havel	Frankfurt	Main	Trier	Mosel
Saarbrücken	Saar	Würzburg	Main	Hamburg	Elbe	Berlin	Spree
Düsseldorf	Rhein	Stuttgart	Neckar	Kassel	Fulda	Jena	Saale
Magdeburg	Elbe	Dresden	Elbe	Göttingen	Leine	Köln	Rhein
Heidelberg	Neckar	Hannover	Leine	Emden	Ems	Mainz	Rhein
Mannheim	Rhein	Augsburg	Lech	Passau	Donau	Fulda	Fulda

Berge in Deutschland

Bayerischer Wald	Großer Arber	Odenwald	Katzenbuckel
Eifel	Hohe Acht	Rhön	Wasserkuppe
Erzgebirge	Fichtelberg	Rothaargebirge	Kahler Asten
Fichtelgebirge	Schneeberg	Schwarzwald	Feldberg
Harz	Brocken	Taunus	Großer Feldberg
Hunsrück	Erbeskopf	Thüringer Wald	Großer Beerberg

Lösung zu Seite 15

Nr.	Hinweis	Lösung
1.	Er stieg in Frankreich vom General zum Kaiser auf, er krönte sich selbst	N A P O L E O N
2.	Römischer Feldherr, der Gallien eroberte	C A E S A R
3.	„Apostel" der Deutschen, brachte das Christentum zu den Germanen	B O N I F A T I U S
4.	Griechischer König, der mit seinem Heer bis nach Asien zog	A L E X A N D E R
5.	Gründer des Islam	M O H A M M E D
6.	Erfinder der Dampfmaschine	W A T T
7.	Katholische Nonne, die mit den Armen lebte	M U T T E R T E R E S A
8.	Gründer des deutschen Kaiserreiches von 1871, erster Reichskanzler	B I S M A R C K
9.	Erster Präsident der USA	W A S H I N G T O N
10.	Beiname Ludwigs XIV. von Frankreich	S O N N E N K O E N I G
11.	Erster deutscher Bundeskanzler	A D E N A U E R
12.	Oberster griechischer Gott	Z E U S
13.	Heerführer im 1. Weltkrieg, später Reichspräsident bis 1934	H I N D E N B U R G
14.	Entdecker Amerikas	K O L U M B U S
15.	Er reformierte 1517 die Kirche	L U T H E R
16.	Einzige Frau mit zwei Nobelpreisen	M A R I E C U R I E
17.	Titel der altägyptischen Könige	P H A R A O
18.	Ägyptische Königin	C L E O P A T R A
19.	Erster Weltumsegler 1519-1522	M A G H E L L A N
20.	Viktorianische Königin	V I C T O R I A
21.	Er entdeckte, dass sich die Erde und alle Planeten um die Sonne drehen	K O P E R N I K U S
22.	Erster deutscher Bundespräsident	H E U S S
23.	Erfinder des Buchdrucks	G U T E N B E R G

Lösungswort: LANDMASCHINENMECHANIKER

49

Lösung zu Seite 16

1. Wiesbaden München ~~Karlsruhe~~ Stuttgart _____ keine Hauptstadt eines Bundeslandes
2. Hannover Leipzig Eisenach ~~Mailand~~ _____ keine deutsche Stadt
3. ~~Isar~~ Mosel Main Nahe _____ kein Nebenfluss des Rheins
4. Mannheim Mainz ~~Regensburg~~ Wesel _____ liegt nicht am Rhein
5. ~~Saarland~~ Sauerland Vogtland Emsland _____ ist ein Bundesland, keine Landschaft
6. Hessen Niedersachsen ~~Niederrhein~~ Thüringen _____ kein Bundesland
7. Schwarzwald Rhön ~~Alpen~~ Harz _____ kein Mittelgebirge
8. ~~Teutoburger Wald~~ Eifel Taunus Hunsrück _____ gehört nicht zum Rhein. Schiefergebirge
9. ~~München~~ Berlin Warschau Paris _____ keine Hauptstadt
10. Helgoland ~~Rügen~~ Norderney Amrum _____ Insel in der Ostsee
11. Frankreich Niederlande ~~Dänemark~~ Italien _____ gehört nicht zu den EURO-Staaten
12. Italien Spanien Griechenland ~~Tschechien~~ _____ liegt nicht am Mittelmeer
13. ~~Donau~~ Rhein Elbe Weser _____ fließt nicht nach Norden
14. Liverpool ~~Stockholm~~ Marseille Neapel _____ ist eine Hauptstadt
15. Passau ~~Augsburg~~ Ulm Regensburg _____ liegt nicht an der Donau
16. ~~Allerheiligen~~ Muttertag Ostern Fronleichnam _____ Feiertag im Herbst
17. Apollo Zeus ~~Cäsar~~ Poseidon _____ kein griechischer Gott
18. Kolumbus Vasco da Gama Magellan ~~Kopernikus~~ _____ kein Seefahrer
19. Addition ~~Deklination~~ Division Multiplikation _____ keine mathematische Operation
20. ~~Fledermaus~~ Adler Schwalbe Meise _____ kein Vogel
21. ~~Bornholm~~ Borneo Madagaskar Sumatra _____ europäische Insel

Lösung zu Seite 17

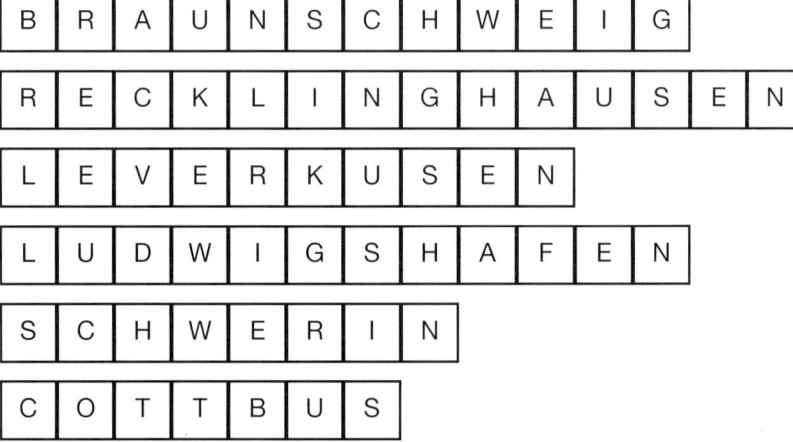

Dichter und Dichterinnen	B	R	A	U	N	S	C	H	W	E	I	G

Maler und Malerinnen	R	E	C	K	L	I	N	G	H	A	U	S	E	N

Komponisten und Komponistinnen	L	E	V	E	R	K	U	S	E	N

Erfinder/Entdeckerinnnen Physiker	L	U	D	W	I	G	S	H	A	F	E	N

Bundespräsidenten	S	C	H	W	E	R	I	N

Bundeskanzler	C	O	T	T	B	U	S

50

63 P.

Lösungen zu Seite 18

Sehenswürdigkeiten der Welt

Stadt | | | | | | | | | | | | Land

Sehenswürdigkeit		Buchstaben										Land
Eifelturm	in	P	a	r	i	s						Frankreich
Holstentor	in	L	ü	b	e	c	k					Deutschland
Akropolis	in	A	t	h	e	n						Griechenland
Brandenburger Tor	in	B	e	r	l	i	n					Deutschland
Tower	in	L	o	n	d	o	n					England
Golden Gate Bridge in		S	a	n	■	F	r	a	n	c	i	s	c	o	USA
Hagia Sophia	in	I	s	t	a	n	b	u	l			Türkei
Petersdom	in	R	o	m								Italien
Rialtobrücke	in	V	e	n	e	d	i	g				Italien
Frauenkirche	in	M	ü	n	c	h	e	n				Deutschland
Römer	in	F	r	a	n	k	f	u	r	t		Deutschland
Schiefer Turm	in	P	i	s	a							Italien
Wartburg	in	E	i	s	e	n	a	c	h			Deutschland
Prater	in	W	i	e	n							Österreich
Hydepark	in	L	o	n	d	o	n					England
Kurfürstendamm	in	B	e	r	l	i	n					Deutschland
Freiheitsstatue	in	N	e	w	■	Y	o	r	k			USA
Zwinger	in	D	r	e	s	d	e	n				Deutschland

Die fett umrahmten Felder nennen dir eine Sehenswürdigkeit, die man unbedingt besichtigen sollte, wenn man sich in Paris aufhält: <u>Schloss Versailles</u>

Monarchien in Europa

Niederlande	**Großbritannien**	~~Russland~~	**Spanien**
~~Deutschland~~	~~Irland~~	~~Ungarn~~	**Monaco**
~~Finnland~~	**Luxemburg**	**Belgien**	~~Schweiz~~
Norwegen	**Liechtenstein**	~~Österreich~~	**Schweden**
~~Frankreich~~	~~Litauen~~	~~Polen~~	~~Tschechien~~
~~Griechenland~~	~~Italien~~	~~Portugal~~	**Dänemark**

Die dritten Buchstaben der Länder, die Monarchien sind, fehlen, nacheinander geschrieben, im folgenden Satz!

<u>Der Boxer langt hin</u>

Lösung zu Seite 19

Abs. = Absender
Abt. = Abteilung
bzw. = beziehungsweise
d. h. = das heißt
Min. = Minute

Nr. = Nummer
z. Zt. = zur Zeit
z. B. = zum Beispiel
u. a. = unter anderem
v. Chr. = vor Christi

Ordne die folgenden Abkürzungen zu!

Allgemeine Elektrizitätsgesellschaft	**AEG**	Badische Anilin- und Sodafabrikation	**BASF**
British Broadcasting Corporation	**BBC**	Bayerische Motorenwerke	**BMW**
Christlicher Verein junger Männer	**CVJM**	Deutsche Presseagentur	**DPA**
Federal Bureau of Investigations	**FBI**	Maschinenfabrik Augsburg-Nürnberg	**MAN**
Maschinengewehr	**MG**	Personal Computer	**PC**
Volkswagen	**VW**	Personenkraftwagen	**PKW**
Rheinisch-Westfälisches Elektrizitätswerk	**RWE**		

Ordne die folgenden Begriffe den Abkürzungen zu!

Krad	Kraftrad
Hapag	Hamburg-Amerika-Paket-Aktiengesellschaft
Fiat	Fabbrica Italiana di Automobili di Torino
NATO	North Atlantic Treaty Organization
Kripo	Kriminalpolizei
Hifi	High Fidelity
UNO	United Nations Organization
UFA	Union Film Aktiengesellschaft
UFO	Unknown Flying Object
Flak	Flug-Abwehr-Kanone

Lösung zu Seite 20

Buenos Aires	Argentinien	Jerusalem	Israel	Brisbane	Queensland
Sofia	Bulgarien	Tokio	Japan	Bukarest	Rumänien
Santiago	Chile	Bogotá	Kolumbien	Stockholm	Schweden
Kopenhagen	Dänemark	Vaduz	Liechtenstein	Prag	Tschechien
Quito	Equador	Rabat	Marokko	Kiew	Ukraine
Helsinki	Finnland	Oslo	Norwegen	Caracas	Venezuela
Athen	Griechenland	Wien	Österreich	Minsk	Weißrussland
Honolulu	Hawaii	Warschau	Polen	Nikosia	Zypern 24

Die Anfangsbuchstaben ergeben das ABC ...

Italien	R	o	m						
Norwegen	O	s	l	o					
Bulgarien	S	o	f	i	a				
Spanien	M	a	d	r	i	d			
Belgien	B	r	ü	s	s	e	l		
Portugal	L	i	s	s	a	b	o	n	
Island	R	e	y	k	j	a	v	i	k
Dänemark	K	o	p	e	n	h	a	g	e	n	14
Schweden	S	t	o	c	k	h	o	l	m
Polen	W	a	r	s	c	h	a	u	
Serbien / Montenegro	B	e	l	g	r	a	d		
Irland	D	u	b	l	i	n			
Weißrussland	M	i	n	s	k				
Ukraine	K	i	e	w					

38 P

52

Lösung zu Seite 21

Wer vertritt die Arbeitnehmer gegenüber den Arbeitgebern?

☐ Parteien   **SO** Gewerkschaften   ☐ der Staat   ☐ die Kirche

Wie hieß der Wirtschaftsminister, der eine private Rentenversicherung mit staatlichen Zuschüssen ins Leben gerufen hat?

☐ Clement   ☐ Eichel   **ZI** Riester   ☐ Blüm

Wie nennt man den Lohn vor Abzug der Steuern und Versicherungen?

☐ Nettolohn   ☐ Realeinkommen   ☐ Haushaltsgeld   **AL** Bruttolohn

Wie heißt der Fachbegriff für ausländische Währung?

VE Devisen   ☐ Zinsen   ☐ Börse   ☐ Dividende

Wo werden Aktien gehandelt?

☐ bei den Banken   **RS** an der Börse   ☐ bei der Post   ☐ beim Staat

Wo werden Lohnhöhen und Arbeitsbedingungen aufgeschrieben?

☐ im Arbeitsvertrag   ☐ im Mietvertrag   **IC** im Tarifvertrag   ☐ im Grundgesetz

Was zieht der Arbeitgeber unter anderem vom Lohn ab?

☐ Zinsen   ☐ Devisen   ☐ Kapitalsteuer   **HE** Lohnsteuer

Wie nennt man den Preis, den man für geliehenes Geld zahlen muss?

☐ Miete   **RU** Zinsen   ☐ Steuern   ☐ Dividende

Wie nennt man den Lohn nach Abzug von Steuern und Versicherungen?

NG Nettolohn   ☐ Realeinkommen   ☐ Haushaltsgeld   ☐ Bruttolohn

Welches Kampfmittel wenden die Vertreter der Arbeitnehmer gegenüber den Arbeitgebern an?

☐ Überstunden   ☐ krankfeiern   **SB** Streik   ☐ Urlaub

Wie nennt man das Konto, auf dem Lohn und die laufenden Kosten verbucht werden?

☐ Sparkonto   **EI** Girokonto   ☐ Schwarzkonto   ☐ Scheckkonto

Welche Versicherung gehört nicht zu den Sozialversicherungen?

TR Lebensversicherung   ☐ Krankenversicherung   ☐ Arbeitslosenversicherung   ☐ Pflegeversicherung

Was ist der DAX?

☐ Daten-Fax-Gerät   ☐ Deutsche Angestellten-Praxis   **Ä** Deutscher Aktien-Index   ☐ Dauer-Arbeits-Index

Welche Steuer wird vom Lohn einbehalten?

☐ Mehrwertsteuer   ☐ Tabaksteuer   ☐ Vermögenssteuer   **GE** Kirchensteuer

Lösungswort:

SOZIALVERSISCHERUNGSBEITRÄGE

BVK PA21 • Wiehland Kohl: Training Allgemeinwissen

Lösungen zu Seite 22

Politische „Fremdwörter"

„Herrschaft des Volkes"	D	e	m	o	k	r	a	t	i	e				
Gesetzgebende Gewalt	L	e	g	i	s	l	a	t	i	v	e			
Chef der Bundesregierung	B	u	n	d	e	s	k	a	n	z	l	e	r	
Partei im Bundestag	F	r	a	k	t	i	o	n						
oberstes Gesetz	V	e	r	f	a	s	s	u	n	g				
ausführende Gewalt	E	x	e	k	u	t	i	v	e					
wählt den Bundespräsidenten	B	u	n	d	e	s	v	e	r	s	a	m	m	l	u	n	g
Staatsform mit König	M	o	n	a	r	c	h	i	e					
Parteien, die nicht regieren	O	p	p	o	s	i	t	i	o	n				
Mitglied des Parlaments	A	b	g	e	o	r	d	n	e	t	e	r		
richterliche Gewalt	J	u	d	i	k	a	t	i	v	e				
Staatsform mit Präsident	R	e	p	u	b	l	i	k						
Vertretung der Bundesländer	B	u	n	d	e	s	r	a	t					
Parteien, die regieren	K	o	a	l	i	t	i	o	n					
Name unserer Verfassung	G	r	u	n	d	g	e	s	e	t	z			
Bundeskanzler und Minister	B	u	n	d	e	s	r	e	g	i	e	r	u	n	g
Fremdwort für Volksvertretung	P	a	r	l	a	m	e	n	t					
Name unseres Parlaments	B	u	n	d	e	s	t	a	g					

Titel der Regierungschefs: <u>Ministerpraesident</u>

Parlamente der Welt

Das englische Parlament besteht aus Oberhaus und
  ◯ Abgeordnetenhaus   ◯ Kongress
  ◯ Bundeshaus   Ⓑ Unterhaus

Das amerikanische Parlament heißt
  ◯ Abgeordnetenhaus   ◯ Bundeshaus
  Ⓞ Repräsentantenhaus   ◯ Kongress

Das russische Parlament heißt
  ◯ Kongress   Ⓝ Duma
  ◯ Unterhaus   ◯ Reichstag

Das israelische Parlament heißt
  Ⓝ Knesset   ◯ Kongress
  ◯ Abgeordnetenhaus   ◯ Oberhaus

Die richtigen Buchstaben nennen den Namen der ehemaligen Bundeshauptstadt: <u>**BONN**</u>

54

Lösung zu Seite 23

Göttingen – Würzburg	0	Karlsruhe – Stuttgart	1
Lübeck – Schwerin	1	Augsburg – Dresden	1
München – Nürnberg	2	Essen – Saarbrücken	0
Kassel – Düsseldorf	2	Magdeburg – Schwerin	2
Braunschweig – Wolfsburg	1	Hamburg – Ulm	0
Potsdam – Berlin	1	Stuttgart – Heilbronn	0
Stuttgart – Bremen	2	Chemnitz – Rostock	2
Koblenz – Regensburg	1	Frankfurt/M. – Frankfurt/O.	1
Halle – Leipzig	1	Hannover – Salzgitter	1
Paderborn – Erfurt	1	Hannover – Bremen	2
Dortmund – Münster	0	Bremen – Bremerhaven	2
Osnabrück – Siegen	2	Hamm – Mainz	1
Bonn – Köln	1	Mannheim – Ludwigshafen	2

26 P.

Wenn du die Zahlen addierst, erhältst du die Summe 30.

Werra – Fulda	2	Neckar – Regen	1	Havel – Elbe	2
Rhein – Weser	1	Mulde – Saale	2	Rhein – Mosel	2
Weser – Elbe	2	Oder – Spree	2	Eder – Fulda	1
Nahe – Neckar	1	Ruhr – Weser	1	Rhein – Sieg	1
Saale – Spree	1	Rur – Ruhr	1	Lech – Iller	2
Werra – Weser	2	Aller – Ems	2	Iller – Isar	1

18 P.

Bei richtiger Lösung bekommst du in den drei Spalten durch Addition jedesmal die gleiche Zahl! 9

Thüringer Wald – Westerwald	2	Frankenwald – Thüringer Wald	2
Eifel – Taunus	1	Fichtelgebirge – Schwarzwald	2
Odenwald – Hunsrück	2	Schwarzwald – Rhön	1
Odenwald – Spessart	1	Fränkische Alb – Bayerischer Wald	1
Rhön – Harz	2	Rothaargebirge – Vogelsberg	1

10 P.

Summe der Lösungen: 15

55

Lösung zu Seite 24

| D | R | U | C | K |

| T | H | E | M | A |

| P | F | E | R | D |

| M | U | S | I | K |

| W | A | G | E | N |

| T | I | S | C | H |

| N | A | C | H | T |

| B | E | Z | U | G |

Die Stadt heißt:

| H | A | N | N | O | V | E | R |

Lösung zu Seite 25

Wortschatz II

Sprichwort: **Der Klügere gibt nach**

o: 18P.
u: 8P.
26P

Noch mehr Sprichwörter

Setze die folgenden Sprichwörter richtig zusammen!

Jeder	gibt nach.	Jeder ist seines Glückes Schmied.
Müßiggang	ist seines Glückes Schmied.	Müßiggang ist aller Laster Anfang.
Der Klügere	ist der Welt Lohn.	Der Klügere gibt nach.
Der Zweck	höhlt den Stein.	Der Zweck heiligt die Mittel.
Eigener Herd	ist aller Laster Anfang.	Eigener Herd ist Goldes wert.
Steter Tropfen	sehen mehr als zwei.	Steter Tropfen höhlt den Stein.
Undank	ist Goldes wert.	Undank ist der Welt Lohn.
Vier Augen	heiligt die Mittel.	Vier Augen sehen mehr als zwei.

Lösung zu Seite 26

R 16 Jahre

E Er wird vom Bundestag gewählt.

I Er wird vom Volk gewählt.

C Er wird vom Bundeskanzler bestimmt.

  H Er wird von der Bundesversammlung gewählt.

  S 5 Jahre

  T einmal

  A Man wird vom Volk gewählt.

  G Alle 4 Jahre

Name des Gebäudes, in dem der Bundestag in Berlin tagt: **REICHSTAG**

BVK PA21 • Wiehland Kohl: Training Allgemeinwissen

Lösungen zu Seite 27

Länder und ihre Hauptstädte

Ägypten	Kairo	Iran	Teheran	Polen	Warschau
Albanien	Tirana	Irland	Dublin	Portugal	Lissabon
Algerien	Algier	Island	Reykjavik	Rumänien	Bukarest
Argentinien	Buenos Aires	Israel	Jerusalem	Russland	Moskau
Australien	Canberra	Italien	Rom	Saudi Arabien	Riad
Belgien	Brüssel	Japan	Tokio	Schweden	Stockholm
Bolivien	La Paz	Kanada	Ottawa	Schweiz	Bern
Brasilien	Brasilia	Kolumbien	Santafé de Bogotá	Somalia	Mogadischu
Bulgarien	Sofia	Kuba	Havanna	Spanien	Madrid
Chile	Santiago de Chile	Liechtenstein	Vaduz	Südkorea	Seoul
China	Peking	Luxemburg	Luxemburg	Sudan	Khartum
Dänemark	Kopenhagen	Marokko	Rabat	Syrien	Damaskus
Finnland	Helsinki	Mexiko	Mexico-City	Thailand	Bangkok
Frankreich	Paris	Monaco	Monaco	Tschechien	Prag
Griechenland	Athen	Norwegen	Oslo	Türkei	Ankara
Indien	Neu-Delhi	Österreich	Wien	USA	Washington
Indonesien	Djakarta	Peru	Lima	Venezuela	Caracas
Irak	Bagdad	Philippinen	Manila	Weißrussland	Minsk

Bundesländer und ihre Hauptstädte

Berlin	Berlin	Magdeburg	Sachsen-Anhalt
Bremen	Bremen	Mainz	Rheinland-Pfalz
Dresden	Sachsen	München	Bayern
Düsseldorf	Nordrhein-Westfalen	Potsdam	Brandenburg
Erfurt	Thüringen	Saarbrücken	Saarland
Hamburg	Hamburg	Schwerin	Mecklenburg-Vorpommern
Hannover	Niedersachsen	Stuttgart	Baden-Württemberg
Kiel	Schleswig-Holstein	Wiesbaden	Hessen

BVK PA21 • Wiehland Kohl: Training Allgemeinwissen

Lösung zu Seite 28

1.	Pfirsich	~~Apfel~~	Kirsche	Aprikose	kein Steinobst
2.	Schiller	Goethe	Böll	~~Bach~~	kein Dichter
3.	Linde	Eiche	~~Tanne~~	Birke	kein Laubbaum
4.	Heuss	~~Brandt~~	Lübke	Scheel	kein Bundespräsident
5.	Tanne	~~Buche~~	Kiefer	Fichte	kein Nadelbaum
6.	Trompete	Posaune	~~Harfe~~	Fanfare	kein Blasinstrument
7.	~~Neckar~~	Regen	Lech	Isar	kein Nebenfluss der Donau
8.	Parlament	Verfassung	Regierung	~~Konto~~	kein politischer Begriff
9.	~~Wolga~~	Nil	Niger	Zaire	kein Fluss in Afrika
10.	Israel	Japan	~~Moldavien~~	Iran	kein Staat in Asien
11.	~~Edison~~	Diesel	Daimler	Benz	kein Auto-Erfinder
12.	Chicago	~~Montreal~~	Denver	Atlanta	keine Stadt in USA
13.	Thermometer	Amperemeter	~~Millimeter~~	Barometer	kein Messgerät
14.	Hektar	Ar	Morgen	~~Liter~~	kein Flächenmaß
15.	Bayern	Sachsen	Niedersachsen	~~Breisgau~~	kein Bundesland
16.	~~München~~	Berlin	Hamburg	Bremen	Hauptstadt eines Flächenstaates
17.	Dürer	Picasso	~~Händel~~	Nolde	kein Maler
18.	Stute	~~Welpe~~	Kuh	Sau	Jungtier
19.	Mars	Jupiter	~~Sonne~~	Venus	kein Planet
20.	~~orange~~	rot	blau	gelb	Mischfarbe
21.	Großbritannien	Niederlande	~~Frankreich~~	Belgien	keine Monarchie

Lösung zu Seite 29

1.		360		
2.	-	220	=	140
3.	:	7	=	20
4.	x	8	=	160
5.	:	4	=	40
6.	:	5	=	8
7.	+	12	=	20
8.	x	3	=	60
9.	-	6	=	54
10.	:	9	=	6
11.	+	7	=	13
12.	-	12	=	1

Lösung zu Seite 30

Akkord	Fließbandarbeit	Musikinstrument	Höchstleistung	Stücklohn
Bankette	Filiale einer Bank	Blumengebinde	Straßenrand	kleines Sitzmöbel
Chanson	Wechsel	Lied	Gelegenheit	Schallplattenwechsler
Dekor	Verzierung	Schaufensterfront	Wiederholung	Preisnachlass
Effekt	Wirkung	angeschnittener Ball	Beamter	Voraussetzung
Filiale	Endspiel	Zweigstelle	Hauptverwaltung	Geschäftsführerin
Genie	Großzügigkeit	Erbanlagen	hervorragend Begabter	Schmetterlingsblüher
Harmonie	Tasteninstrument	Missklang	Kummer	Übereinstimmung
Intoleranz	Unduldsamkeit	Großzügigkeit	Verständnis	Unwissenheit
Kommentar	Rundfunksprecher	Stellungnahme	Nachricht	Mitglied eines Vereins
Laie	Saiteninstrument	Diener	Nichtfachmann	Geistlicher
Methode	Zwischenergebnis	elektrischer Pol	Versuch	Verfahren
Neutralität	Nichteinmischung	gefährliche Strahlung	Bevorzugung	elektrische Ladung
Oboe	Streichinstrument	Blasinstrument	Schlaginstrument	Zupfinstrument
Parterre	Hinterhof	Dachgeschoss	Erdgeschoss	Durchgangshalle
Romanik	Sprachenfamilie	Baustil	altes Gedicht	gefühlsbetonte Stimmung
Skrupel	Operationsmesser	Vitaminmangelkrankheit	Sportruderboot	Bedenken
Transparenz	Widerstandsfähigkeit	Kraftübertragung	Lichtdurchlässigkeit	Spruchband
Utensil	Entbehrliches	Gebrauchsgegenstand	Gewürz	Nützlichkeitsdenken
Vasall	Gefolgsmann	Vorgesetzter	Hautpflegemittel	Blutgefäß

Lösung zu Seite 31

THEODOR HEUSS, KONRAD ADENAUER

Lösungen zu Seite 32

1.	Wer gewann immer den Wettlauf gegen den Hasen?	I	g	e	l			
2.	Wer schwimmt auf dem See?	E	n	t	c	h	e	n
3.	„Alle Vögel sind schon da ... Amsel, ???, Fink und Star ..."	D	r	o	s	s	e	l
4.	Wer ruft aus dem Wald?	K	u	c	k	u	c	k
5.	Wer sitzt in der Grube?	H	ä	s	c	h	e	n
6.	Wer trägt rote Strümpfe auf „unserer Wiese"?	S	t	o	r	c	h	
7.	Wen muss man küssen, damit er ein Prinz wird?	F	r	o	s	c	h	
8.	Was ist eigentlich ein „Geißlein"?	Z	i	e	g	e		
9.	Was für ein Tier ist „Maja"?	B	i	e	n	e		
10.	Welches Tier trägt im Märchen Stiefel?	K	a	t	e	r		
11.	An welchem goldenen Tier bleiben alle kleben?	G	a	n	s			
12.	Wer hat die Gans gestohlen?	F	u	c	h	s		
13.	Wer fraß Rotkäppchen, die Großmutter und die 7 Geißlein?	W	o	l	f			
14.	Was für Tiere sind Bernhard und Bianca?	M	ä	u	s	e		
15.	Wer lief (mit ABC) im Schnee?	K	a	t	z	e		
16.	Was für Tiere sind Barbar und Dumbo?	E	l	e	f	a	n	t
17.	Wer sitzt auf der Mauer, auf der Lauer?	W	a	n	z	e		

Industriekaufmann

1.	Das macht mancher aus einer Mücke.	E	l	e	f	a	n	t
2.	Er wirft nicht mit dem Maul.	M	a	u	l	w	u	r	f
3.	Sie sieht alles von oben.	G	i	r	a	f	f	e
4.	Er legt angeblich im Frühjahr Eier.	O	s	t	e	r	h	a	s	e
5.	Er wird „König der Tiere" genannt.	L	o	e	w	e
6.	Sie stechen im Sommer und Geld nennt man so.	M	u	e	c	k	e	n
7.	Er ist das Wappentier vieler Staaten.	A	d	l	e	r

Friseur

59

Lösungen zu Seite 33

Inseln in den Ozeanen

Borneo	Südostasien / Indonesien	Malediven	Indischer Ozean
Feuerland	Südamerika	Malta	Mittelmeer
Fidschi-Inseln	Pazifischer Ozean	Neufundland	Atlantischer Ozean
Formosa	Nordsee	Neuguinea	Südostasien
Grönland	Atlantischer Ozean / Europa	Neuseeland	Australien / Pazifischer Ozean
Haiti	Karibisches Meer	Osterinsel	Pazifischer Ozean
Hawaii	Pazifischer Ozean	Philippinen	Pazifischer Ozean / Südostasien
Helgoland	Nordsee	Sardinien	Mittelmeer
Island	Atlantischer Ozean / Europa	Sri Lanka	Indischer Ozean / Indien
Jamaika	Karibisches Meer	St. Helena	Atlantischer Ozean / Afrika
Java	Südostasien / Indonesien	Sumatra	Indischer Ozean / Indonesien
Korsika	Mittelmeer	Taiwan	Südchin. Meer / Formosa
Kuba	Karibisches Meer	Tasmanien	Australien
Madagaskar	Indischer Ozean / Afrika	Zypern	Mittelmeer

Berge und Gebirge

Kilimandscharo	Afrika	Himalaja	Asien
Anden	Südamerika	Mont Blanc	Europa
Alpen	Europa	Zugspitze	Europa
Taunus	Europa	Rothaargebirge	Europa
Rocky Mountains	Nordamerika	Aconcagua	Südamerika
Vogesen	Europa	Fichtelgebirge	Europa
Mount Everest	Asien	Apenninen	Europa
Ardennen	Europa	Böhmerwald	Europa
Tienschan	Asien	Atlas-Gebirge	Afrika
Odenwald	Europa	Pyrenäen	Europa
Mount McKinley	Nordamerika	Kaukasus	Europa-Asien
Appalachen	Europa	Eifel	Europa
Ural	Europa-Asien	Großglockner	Europa

60

Lösung zu Seite 34

Erfindung des Rades	≈ 4000 v. Chr.	1.	W
Bau der Pyramiden	≈ ab 2.700 v. Chr.	2.	e
Erste Olympische Spiele in Griechenland	776 v. Chr.	3.	r
Rom wird gegründet	753 v. Chr.	4.	d
Gallien wird römische Provinz	50 v. Chr.	5.	e
Christi Geburt	0 – Beginn der neuen Zeitrechnung	6.	n
Schlacht im Teutoburger Wald	9 n. Chr.	7.	P
Völkerwanderung	4.-6. Jahrhundert N. Chr.	8.	f
Karl der Große wird Kaiser	24.12.800	9.	e
Kreuzzüge ins Heilige Land	11.-13. Jh. n. Chr.	10.	n
Blütezeit der Hanse	14. Jh.	11.	n
Gutenberg erfindet den Druck mit beweglichen Lettern	1445	12.	i
Kolumbus „entdeckt" Amerika	1492	13.	g
Vasco da Gama umsegelt das Kap der Guten Hoffnung	1498	14.	n
Reformation Martin Luthers (95 Thesen)	1517	15.	i
Magellan umsegelt die Erde	1520	16.	c
Pizarro und Cortez beuten Mittelamerika aus	1521-1547	17.	h
Bauernkrieg	1524/25	18.	t
Kopernikus verkündet ein neues Weltbild	1543	19.	e
Englische Siedler erreichen die Ostküste Nordamerikas	1620	20.	h
30jähriger Krieg	1618-1648	21.	r
Ludwig XIV. von Frankreich, der „Sonnenkönig"	1638-1715	22.	t
Siebenjähriger Krieg zwischen Preußen und Österreich	1756-1763	23.	i
James Watt erfindet die Dampfmaschine	1769	24.	s
Teesturm in Boston	1773	25.	t
Amerikanische Unabhängigkeitserklärung	4.7.1776	26.	d
Französische Revolution	14.7.1789	27.	e
Napoleon Bonaparte wird französischer Kaiser	1804 (bis 1814)	28.	s
Deutscher Zollverein (Gründung)	1834	29.	T
Karl Marx und Friedrich Engels schreiben das „Kommunistische Manifest"	1848	30.	a
Deutsche Nationalversammlung in der Paulskirche	1848	31.	l
Gründung der SPD	1869	32.	e
Gründung des 2. Deutschen Reiches in Versailles	1919	33.	r
1. Weltkrieg	1914-1918	34.	s
Deutschland wird eine Republik	1919	35.	n
Weimarer Republik	1919-1933	36.	i
Nürnberger Gesetze trennen „Arier" und Juden	1935	37.	c
Reichspogromnacht gegen die Juden	9.11.1938	38.	h
2. Weltkrieg	1939-1945	39.	t
„Luftbrücke" von und nach Berlin	1948/49	40.	w
Gründung der Bundesrepublik Deutschland	23.5.1949	41.	e
Bau der Berliner Mauer	13.8.1961	42.	r
Wiedervereinigung Deutschlands	3.10.1990	43.	t

61

Bei richtiger Lösung kannst du ein Sprichwort lesen:

Wer den Pfennig nicht ehrt, ist des Talers nicht wert.

Lösung zu Seite 35

Einziger dt. Boxweltmeister aller Klassen		M	A	X	■	S	C	H	M	E	L	I	N	G			
Fußballer, Weltmeister 1954	F	R	I	T	Z	■	W	A	L	T	E	R					
amerik. Schauspieler und Sänger („The Voice")		F	R	A	N	K	■	S	I	N	A	T	R	A			
Erfinderin von „Miss Marple"			A	G	A	T	H	A	■	C	H	R	I	S	T	I	E
deutsche Frauenrechtlerin		A	L	I	C	E	■	S	C	H	W	A	R	Z	E	R	
griech. Komponist und Minister		M	I	K	I	S	■	T	H	E	O	D	O	R	A	K	I	S
Dirigent, ehemaliger Chef der Berliner Philharmoniker		H	E	R	B	E	R	T	■	V	O	N	■	K	A	R	A	J	A	N
deutscher Komponist, Musikpädagoge		K	A	R	L	■	O	R	F	F						
Entdeckerin des Radiums	M	A	R	I	E	■	C	U	R	I	E						
Physiker, Schöpfer der Relativitätstheorie		A	L	B	E	R	T	■	E	I	N	S	T	E	I	N	
dt. Zeichner, Objekt- und Aktionskünstler		J	O	S	E	F	■	B	E	U	Y	S					
amerik. Filmproduzent, (Mickey Maus, Goofy)		W	A	L	T	■	D	I	S	N	E	Y					
span. Maler des Surrealismus	S	A	L	V	A	D	O	R	■	D	A	L	I				
Erstbesteiger des Mount Everest	E	D	M	U	N	D	■	H	I	L	L	A	R	Y			
Polarforscher, erreichte als Erster den Südpol		R	O	A	L	D	■	A	M	U	N	D	S	E	N		
ital. Pädagogin, Schulgründerin	M	A	R	I	A	■	M	O	N	T	E	S	S	O	R	I	
„Vater" der SOS-Kinderdörfer		H	E	R	M	A	N	N	■	G	M	E	I	N	E	R	
amerik. Stummfilm-Schauspieler und Regisseur		C	H	A	R	L	I	E	■	C	H	A	P	L	I	N	
engl. Filmregisseur von psychol. Krimis		A	L	F	R	E	D	■	H	I	T	C	H	C	O	C	K
Opernsängerin	M	A	R	I	A	■	C	A	L	L	A	S					
ital. Modeschöpfer	G	E	O	R	G	I	O	■	A	R	M	A	N	I			
amerik. Sänger (Rock'n Roll)	E	L	V	I	S	■	P	R	E	S	L	E	Y				
amerik. Jazztrompeter („Satchmo")		L	O	U	I	S	■	A	R	M	S	T	R	O	N	G	
Ordensfrau, für die Armen in Indien tätig		M	U	T	T	E	R	■	T	E	R	E	S	A			
dt. Verleger (Bild-Zeitung)		A	X	E	L	■	S	P	R	I	N	G	E	R			
dt. Journalist, Herausgeber des „Spiegels"		R	U	D	O	L	F	■	A	U	G	S	T	E	I	N	
„Königin der Herzen"		P	R	I	N	Z	E	S	S	I	N	■	D	I	A	N	A
amerik. „Verpackungs"-Künstler	C	H	R	I	S	T	O										
1. Mensch auf dem Mond	N	E	I	L	■	A	R	M	S	T	R	O	N	G			
1. Mensch im Weltraum	J	U	R	I	■	G	A	G	A	R	I	N					

Lösung zu Seite 36

Tropfen - Stein	Steter Tropfen höhlt den Stein.
Hunger - Koch	Hunger ist der beste Koch.
Gold - Mund	Morgenstund hat Gold im Mund.
Axt - Zimmermann	Die Axt im Haus erspart den Zimmermann.
Hunde - Hasen	Viele Hunde sind des Hasen Tod.
Fleiß - Preis	Ohne Fleiß kein Preis.
Krug - Brunnen	Der Krug geht solange zum Brunnen, bis er bricht.
Huhn - Korn	Ein blindes Huhn findet auch mal ein Korn.
Köche - Brei	Viele Köche verderben den Brei.
Hänschen - Hans	Was Hänschen nicht lernt, lernt Hans nimmermehr.
Pfennig - Taler	Wer den Pfennig nicht ehrt, ist des Talers nicht wert.
Zeit - Rat	Kommt Zeit, kommt Rat.
Jeder - Schmied	Jeder ist seines Glückes Schmied.
Lügen - Beine	Lügen haben kurze Beine.
Not - Teufel	In der Not frisst der Teufel Fliegen.
Bauer - Kartoffeln	Der dümmste Bauer hat die dicksten Kartoffeln.
Gaul - Maul	Einem geschenkten Gaul schaut man nicht ins Maul.
Apfel - Stamm	Der Apfel fällt nicht weit vom Stamm.
Schuster - Leisten	Schuster bleib bei deinen Leisten.
Schaden - Spott	Wer den Schaden hat, braucht für den Spott nicht zu sorgen.
Kind - Feuer	Gebranntes Kind scheut das Feuer.

Lösungen zu Seite 37

	Hauptstadt	Bundesland
zwei „d" im Namen?	Düsseldorf	Nordrhein-Westfalen
ein „l" am Ende?	Kiel	Schleswig-Holstein
zwei „n" im Namen?	Hannover	Niedersachsen
zwei „a" im Namen?	Saarbrücken	Saarland
zwei „n" und ein „ü" im Namen?	München	Bayern
als zweiten Buchstaben ein „o"?	Potsdam	Brandenburg
zwei „r" im Namen?	Erfurt	Thüringen
zwei „g" im Namen?	Magdeburg	Sachsen-Anhalt
zwei „r" und zwei a im Namen?	Saarbrücken	Saarland
als vierten Buchstaben ein „w"?	Schwerin	Mecklenburg-Vorpommern
zwei „e" und zwei „d" im Namen?	Dresden	Sachsen
zwei „s" und zwei „d" im Namen?	Düsseldorf	Nordrhein-Westfalen
zwei „e" im Namen?	Wiesbaden	Baden-Württemberg
als dritten Buchstaben ein „i"?	Mainz	Rheinland-Pfalz
vier „t" im Namen?	Stuttgart	Hessen
zwei „d" und ein „s" im Namen?	Dresden	Sachsen
nur vier Buchstaben?	Kiel	Schleswig-Holstein
ein „m" am Ende?	Potsdam	Brandenburg
ein „Sch" am Anfang?	Schwerin	Mecklenburg-Vorpommern
ein „z" am Ende?	Mainz	Rheinland-Pfalz

Lösung zu Seite 38

König Ludwig von Frankreich starb im Bett.	Ludwig XIV.
König Ludwig von Frankreich starb auf der Guillotine.	Ludwig XVI.
Kaiser Karl war ein Habsburger.	Karl V.
Kaiser Karl wurde 800 in Rom gekrönt.	Karl der Große
In Versailles wurde ein Reich gegründet.	1871
In Versailles wurde ein Frieden geschlossen.	1919
Kaiser Friedrich regierte nur 100 Tage.	Friedrich III., 1888
Kaiser Friedrich ertrank in einem Fluss.	Friedrich I., Barbarossa
Napoleon kämpfte bei Sedan gegen die Preußen.	Napoleon III.
Napoleon kämpfte bei Jena gegen die Preußen.	Napoleon I., Bonaparte
Die Olympischen Spiele gibt es seit 1896.	die modernen Olympischen Spiele
Die Olympischen Spiele gibt es seit 776 v. Chr.	die antiken Olympischen Spiele
Frankfurt liegt im Westen Deutschlands.	Frankfurt am Main
Frankfurt liegt im Osten Deutschlands.	Frankfurt an der Oder
Die Weser „entspringt" in der Rhön.	die Fulda
Die Weser „entspringt" im Thüringer Wald.	die Werra
Die Ruhr fließt in den Rhein.	mit „h"
Die Rur fließt in die Maas.	ohne „h"
London liegt an der Themse.	Hauptstadt von GB
London liegt am Eriesee.	in Kanada
In den Niederlanden regiert eine Königin.	Niederlande
In den Niederlanden regiert ein Präsident.	Ort in Michigan (USA)
In Bethlehem wohnen Amerikaner.	Ort in Pennsylnania (USA)
In Bethlehem wurde Jesus geboren.	Ort bei Jerusalem (Israel)